Ulla Rhan / Lina Rhan

lieber high als stinknormal?

W0033329

Ulla Rhan / Lina Rhan

lieber high
als stinknormal?

Ein Buch über Drogen

Kösel

Unser besonderer Dank gilt Rosemarie Fischer vom Drogennotruf Frankfurt sowie Frank Günther vom Frankfurter Alice – The Drug & Culture Project für ihre fachkundige Beratung.
Der Verlag und die Autorinnen bedanken sich zudem bei INFOFON, dem telefonischen Beratungs- und Informationsdienst von Jugendlichen für Jugendliche für die Unterstützung bei der Entstehung dieses Buches.
INFOFON ist täglich erreichbar von 17 bis 22 Uhr unter

☎ *089/121 50 00.*

Die Namen der beteiligten Personen wurden geändert.
Worterklärungen finden sich ab Seite 118.

3. Auflage 2004
ISBN 3-466-30563-2
© 2001 by Kösel-Verlag GmbH & Co., München
Printed in Germany. Alle Rechte vorbehalten
Druck und Bindung: Kösel, Krugzell
Visuelles Konzept und Umschlaggestaltung:
KOSCH Werbeagentur, München
Umschlagmotiv: Automatenfoto von Lina

*Gedruckt auf umweltfreundlich hergestelltem Werkdruckpapier
(säurefrei und chlorfrei gebleicht)*

inhalt

es ist ein wunder   7

rebel   9

feiern ist geil, oder?   20

ich will hier raus!!!   34

grenzenlose freiheit ...   53
… grenzenlose Abhängigkeit!?

hängen geblieben   71

wer macht den ersten schritt?   86

weg von der straße   96

auf eigenen füßen   105

knall   117

szenesprache   118

kontaktadressen   121

es ist ein wunder

Ich bin Lina, 19 Jahre alt, lebe in einer deutschen Groß-
stadt in einer kleinen Wohnung und arbeite in einer
Marktforschungsagentur. Mein Traumberuf ist das
noch nicht, den suche ich noch. Aber eins steht fest: Ich
will mit meinen zwei besten Freunden eine WG grün-
den – 'ne richtige kleine Familie wollen wir sein. Klingt
ziemlich normal, oder? Aber du kennst meine Geschichte noch nicht.

*Ich bin Ulla, 44 Jahre alt. Lina ist meine Tochter. Wir sind
miteinander durch alle Höhen und Tiefen gegangen, die du
dir vorstellen kannst. Vielleicht sogar ein paar mehr.*

Dass wir dieses Buch überhaupt zusammen geschrieben
haben, ist ein Wunder. Es gab eine Zeit, da hätten wir es
nicht für möglich gehalten, je wieder auch nur ein einziges
Wort miteinander zu reden. Da war jede von uns in einer
völlig anderen Welt und dazwischen lag ein Meer von Wut
und Hass, von Lügen und Heuchelei, von Drogen, Drogen,
Drogen. Wenn wir es auch nicht wahrhaben wollten: Irgendwo tief in uns drinnen wussten wir die ganze Zeit
über, dass es eine Brücke gab. Wir haben lange gesucht.
Am Ende haben wir sie gefunden. Wir fingen an, aufeinander zuzugehen. Und mit jedem Schritt haben wir uns verändert. Als wir uns trafen, mussten wir uns erst neu kennen lernen.
Wir mochten uns irgendwie und beschlossen, für eine Zeit
zusammenzubleiben.

**Lina hat
dieses Buch
zusammen
mit ihrer
Mutter Ulla
geschrieben.**

»Gib mir dein Geld. Dein ganzes Geld! Los! Mach schon oder soll ich erst mein Messer rausholen?!«

Seit ungefähr 'ner halben Stunde war ich hinter ihr her gewesen. Warum gerade sie, kann ich gar nicht sagen. Sie war die Erstbeste, die mir über den Weg gelaufen kam. Sie war in einen kleinen Klamottenladen in der Altstadt gegangen und hatte eine Jacke für zweihundert Mark ausgesucht, sie anprobiert und mit der Verkäuferin geredet. Dann nahm sie sie doch nicht. Und ich wusste: Die hat Cash!!! Kurze Zeit später laberte ich sie an. »Hi«, sagte ich. »Bist du alleine hier?« Es dauerte nur fünf Minuten, um sie einzuschleimen. »Soll ich dir was Schönes zeigen?«, lockte ich sie. Naiv wie sie war, kam sie mit in den Hof. Und nun stand ich vor ihr. Mein Herz schlug mir bis zum Hals. Jetzt gab es kein Zurück mehr. Knallhart zog ich meinen Plan durch. Zwei Hunnies, das war mein Schnapp.

rebel

Als ich dreizehn war, da gab es zwei Videos, auf die bin ich total abgefahren: *Menace to Society* und *Boys in the Hood*. Allein die Outfits, die die in dem Film anhatten, fand ich voll geil. Damals habe ich noch Hiphop gehört und alles, was damit zu tun hatte, gefiel mir eben. Es ging da um Schwarze, die den ganzen Tag im Getto mit ihren Freunden rumhingen und Party feierten. Um an Geld zu kommen, klauten sie Autos, überfielen irgendwelche Leute oder verkauften Drogen. Dass daran was Schlimmes sein könnte oder was da real abgeht, darüber habe ich mir überhaupt keine Gedanken gemacht. Die haben eben Spaß gehabt. Auch alle meine Freunde standen auf die Gangsta Rapper. Und je krasser man war, desto höher war man in der Clique angesehen. In ihren Augen muss ich wohl krass genug gewesen sein, denn vor mir hatte jeder Respekt. Ich hab mir nichts sagen lassen und immer gemacht, was ich wollte. Und das, was ich wollte, war hammerhart. Ich wollte klauen, kiffen, Drogen nehmen und von zu Hause abhauen.

»Ich wollte so sein wie die Gangsta Rapper und habe geglaubt, das Leben auf der Straße wäre voll cool. Erst als es zu spät war, habe ich gemerkt, wie viel Dreck du da frisst.«

In der Zeit spielte ich Baseball und in unserem Klub gab es einen Spieler, Charles, der früher selbst in Amerika in einem Schwarzengetto gelebt hatte, bevor er nach

Deutschland kam. Mit ihm hingen Anna und ich immer rum. Eines Tages schaute er mich mitten im Gespräch auf einmal so an und sagte: »Also Lina, ich weiß auch nicht, aber du bist ein *Rebel*.« Der Name passte einfach zu mir und darum hab ich mich von da an nur noch so genannt.

In dem Sommer ist meine beste Freundin Anna mit uns in den Familienurlaub nach Spanien gefahren. Ich war total glücklich, dass ich sie mitnehmen durfte, denn ohne sie hätte ich mich zu Tode gelangweilt. Wir waren unzertrennlich, machten alles zusammen. Als Zeichen meiner Freundschaft zu ihr hatte ich mir sogar an der Hand in die Mulde zwischen Daumen und Zeigefinger mit Tinte ein A für Anna tätowiert. Zusammen in Ferien zu fahren – das war für mich ungefähr so, als ob der Traum vom großen Glück wahr würde. Eine echt fette Zeit war das. Wir sind durch alle Läden gezogen und haben unser ganzes Geld für Hiphop-Klamotten im Partnerlook ausgegeben. Und wir haben Pläne ge-schmiedet. Nie wieder brav sein. Krass auffallen, das war unser Ziel. Außerdem wollten wir total frech sein.

»Wir nahmen uns vor, nach den Ferien im Unter-richt die Füße auf den Tisch zu legen.«

Und wir haben das tatsächlich durchgezogen. Anna ist nicht ganz so weit gegangen wie ich. Sie ist halt vom Wesen her nicht so aufbrausend. Sie hat A gesagt und ich den Rest – B, C, D, E und vielleicht auch noch F. Die Schule hatte mich sowieso schon die ganze Zeit ange-kotzt. Besonders die Französischlehrerin, die war ein richtiges Ekelpaket. Das soll nicht heißen, dass ich dau-ernd rumgeschrien hätte. Aber wenn mich irgendwas aufgeregt hat – und das kam ziemlich häufig vor –, dann hab ich die Klappe weit aufgerissen. Bestimmt hab ich dabei manchmal übertrieben. Aber ich habe auch Leuten geholfen. Wenn in meiner Klasse jemand fertig gemacht wurde oder man einen nicht leiden konnte, dann hab ich ihn regelrecht aufgebaut. Das war für mich wie ein Spiel. Jedes Mal, wenn ich einen Außenseiter zu mir holte, haben die anderen gedacht, wenn die Lina mit dem rumhängt, dann muss der bestimmt cool sein. Oder sie trauten sich nicht mehr an ihn ran und ließen ihn in Ruhe. Denke ich jetzt darüber nach, dann merke ich erst, wie leicht die zu beeinflussen waren.

Eines Tages lernte ich Sven kennen. Das war so'n Typ aus meiner Schule. Er ging schon in die Oberstufe. So jemandem wie ihm war ich noch nie begegnet. Seine schwarzen langen Haare, seine Art zu reden, zu lachen, einfach alles gefiel mir an ihm. Er war unheimlich lustig. Seine Mutter war aus Korea, und er brachte ihr falsches Deutsch bei, zeigte ihr einen Löffel und sagte »Gabel«. Und sie plapperte es gutgläubig nach. Ich hab mich kaputt gelacht über ihn. So oft es ging war ich mit ihm zusammen. Ich mochte ihn total gern. Dass ich mit einem von den »Älteren« befreundet war, ließ mein Ansehen in meiner Clique noch mal wachsen – es machte mich für die anderen zu was ganz Besonderem, Unerreichbarem. Aber seit ich Sven kannte, interessierte ich mich eigentlich nicht mehr für das, was sie dachten. Anna und ich fanden sie auf einmal nur noch kindisch.

An einem Nachmittag stand Sven mit einem seiner Freunde bei mir vor der Tür. »Wir haben da eine Überraschung für dich«, sagte er und grinste geheimnisvoll. Ich war total neugierig, aber die beiden wollten mir nichts verraten. Sie führten mich an den Spielplatz, der damals eine Art Treffpunkt für uns war, und wir setzten uns dort auf eine Treppe. »Weißt du, was das ist?« Sven hielt mir ein Päckchen mit so 'nem braunen Zeug hin. Klar wusste ich das. Hasch! Ich war doch kein Baby mehr! Ohne viele Worte zu verlieren, machte sich jeder der beiden daran, eine Tüte zu bauen. Als Sven fertig war, hielt er mir seine hin. Dabei sah er mir direkt in die

»Probiert hatte ich Hasch vorher noch nicht, das musste ich schon zugeben.«

11

Augen. Mir war irgendwie feierlich zumute. Und ich griff zu. Komisch! Das war nicht das erste Mal, dass man mir was angeboten hatte, aber bisher hatte ich immer abgelehnt. Doch diesmal war es anders. Ich hab mich einfach nur darüber gefreut, dass sie mich eingeladen hatten – dass sie mich dabei haben wollten. Ansonsten machte ich mir keine Gedanken. Zigaretten hatte ich schon seit längerem geraucht, damit hatte ich schon in der Grundschule angefangen und so hab ich mit dem Rauchen selbst keine Probleme gehabt.

Wir ließen die Tüten rumgehen und ich zog mir den Rauch tief in die Lungen. Wenn schon, dann wollte ich wenigstens was davon haben! Eine ganze Weile hingen wir nur rum, laberten, lachten. Irgendwann kam einer von uns auf die Idee, auf die Garagendächer neben dem Spielplatz zu klettern. Wir waren auf einmal in einer unheimlich übermütigen Stimmung. Wie wild gewordene Affen hangelten wir uns an der Mauer hoch und sprangen wie die Verrückten auf der morschen Fläche rum. Ich wusste selbst nicht, was in mir abging. Ich fühlte mich auf einmal so beflügelt, so grenzenlos frei. High eben. Ging wie auf Wolken.

Wie lange wir so da rumtobten, weiß ich nicht mehr. Dann kriegte ich plötzlich voll den Bock auf was zu essen. Sven und sein Freund lachten nur über meinen Fressanfall. Ich wusste ja noch nicht, dass das normal ist, wenn man gekifft hat. Wir sind also zum Kentucky rüber und haben uns total voll gefressen. So viele Hähnchenteile wie an dem Tag hab ich noch nie in mich reingestopft. Noch eins und noch eins und noch eins. Das Fett lief mir übers Kinn und ich hatte Ketchup an den Fingern. Genüsslich leckte ich sie mir ab. Mann, tat das gut! Als ich so richtig abgefüllt war, bin ich nach Hause und hab erst mal geschlafen. Ich war völlig fertig. Damit fing's an. Von da an gehörte Kiffen für mich dazu.

Ein paar Monate später machte Lina den nächsten Schritt. Sie war gerade zu Besuch bei einer Freundin gewesen, aber die beiden hatten sich gestritten, und deshalb war sie runtergegangen und hatte sich vors Haus gesetzt – sie brauchte einfach ein bisschen frische Luft, um von ihrer Wut runterzukommen.

Ich hockte noch nicht lange da, als zwei Typen vorbeikamen und mich anquatschten. Die beiden gefielen mir auf Anhieb – kein Wunder, denn es waren Hiphopper. Da sie Mischlinge waren, dachte ich gleich an Getto und Gangsta Rapper und so. Damals war das ja das Größte für mich. Wir haben uns gleich super verstanden und von da an trafen wir uns so gut wie jeden Tag. Brian und Roco hießen die beiden. Einmal – es war so um die Mittagszeit und wir liefen gerade ein bisschen zusammen rum – hielt so ein Amischlitten neben uns. Der Fahrer ließ die Seitenscheibe runtergleiten. Offensichtlich kannte er die zwei. »Es ist da was Neues auf dem Markt«, meinte er. »Glasierte Zitronen. Wollt ihr die mal testen?« Glasierte Zitronen, erklärte er, das wären mit LSD glasierte Pillen.* Brian nahm gleich einen ganzen Schwung. Dann sind wir zu ihm nach Hause. Ich war noch nie dort gewesen. Ziemlich primitiv eingerichtet, ein klappriges Sofa, ein Riesenposter an der Wand, ein paar Klamotten auf einem Stapel in der Ecke. Sonst nichts. »Da, 'ne halbe reicht für den Anfang!« Brian drückte mir das Teil in die Hand. Ich sah es nicht mal an, fraß es, ohne lang zu überlegen. Dann haben wir Techno gehört. Es war das erste Mal, dass ich diese Art von Musik gehört habe. Ich meine, richtig gehört – so gehört, dass ich sie in meinem Körper fühlen

»Techno, das ist mehr als boom, boom, boom. Das ist ein Lebensgefühl.«

*Wahrscheinlich ein Gerücht. Das Glasieren von Pillen ist in der Herstellung relativ schwierig, darum wird das LSD in der Regel dem Grundstoff beigemischt.

konnte. Dass ich Drogen genommen hatte, hab ich in dem Moment gar nicht realisiert. Es kam mir nicht in den Sinn, dass ich druff war. Ich fand's einfach nur schön, was da abging. Als wir nach 'ner Weile raus auf die Straße sind, kam es mir so vor, als würden meine Beine von alleine laufen. Stundenlang sind wir spazieren gegangen. Dabei hab ich noch mal 'ne halbe Pille genommen. Es muss schon mitten in der Nacht gewesen sein, als wir zu so 'nem Typ nach Hause sind, den wir unterwegs getroffen hatten. Die Zunge klebte mir fast am Gaumen, solchen Durst hatte ich. Ich musste unbedingt was trinken. Roco brachte mir gleich ein Glas Wasser. Voll lieb! Er hatte sich sowieso schon die ganze Zeit um mich gekümmert. Als wir so zusammen rumhockten, fing plötzlich das große Gähnen an. Einer nach dem anderen wurde müde. Nur ich saß noch da und war wach. Ich wollte Musik hören, ganz in Ruhe, mich entspannen. Aber es kam mir so vor, als ob alle zehn Minuten die Kassette zu Ende wäre. Kaum hab ich mich hingesetzt, musste ich schon wieder aufstehen und sie umdrehen. Aber ich machte es, ohne mich aufzuregen. War doch normal, oder? Als die anderen am Morgen wieder wach wurden, saß ich immer noch da und wechselte Kassetten. Ich war immer noch druff. Es hatte mir nichts ausgemacht, die ganze Nacht über allein zu sein. Ich hatte noch nicht mal drüber nachgedacht, warum ich nicht müde war. Irgendwann im Lauf des Tages bin ich dann wieder runtergekommen.

»Am Anfang glaubst du im Himmel zu schweben.« Nach dieser Nacht war mein Leben verändert. Mir war, als wäre ich in eine neue, wunderschöne Welt eingetreten – ich war wach, ich war fit, ich war glücklich, ich fühlte mich hübsch, ich hatte das Gefühl, alles erreichen zu können, ich hatte auf alles Lust, alles machte mir Spaß – so wollte ich immer sein.

Wie ich gemerkt habe, dass Lina Drogen nimmt?
Nun, Lina war noch nie so ein Kind, das alles brav macht,
was man ihm sagt. Sie hatte schon immer eine rebellische
Ader. Wie oft haben wir uns gesagt: »Sie steckt gerade in
einer schwierigen Phase.« Nur, irgendwie war sie andau-
ernd in einer schwierigen Phase. Aber wenn man's genau
nimmt, hat uns gerade das so besonders gut an ihr gefal-
len. Klar, sie war aufbrausend und manchmal schwer zu
bändigen. Dafür war sie ein andermal umso liebevoller.
Aber plötzlich veränderte sich etwas. Auf einmal zeigte
uns Lina nur noch ihre aggressive Seite. Mit einer unheim-
lichen Power brüllte sie mich an. Total aus dem Bauch.
Paaaf! Paaaf! Paaaf! Wegen jeder Kleinigkeit. Zuerst
schob ich das auf die Pubertät. Wie Eltern es eben so ma-
chen. Sie musste sich schließlich abnabeln und das ging
nun mal nicht auf die sanfte Art. Dauernd wollte sie Geld
für irgendwas. Überhaupt verlor sie irgendwie jedes Maß
und Ziel. Sie kippte eine halbe Packung Cornflakes in eine
Schüssel, goss einen Liter Milch drüber, hockte sich auf
den Fußboden vor den Fernseher und fing an zu essen.
Den Rest – und es blieb natürlich eine Menge übrig – ließ
sie einfach auf dem Teppich stehen. Jeden Tag das glei-
che Ritual. Was ich auch sagte. Eines Tages sah ich sie
dann auf dem Sofa sitzen. Sie starrte mich so komisch an.
Ich hatte das Gefühl, sie würde sich wie in Zeitlupe bewe-
gen. Sie brauchte einen Moment, um mich überhaupt zu
entdecken. Dann fing sie an zu lachen. Aber nicht lustig.
Sarkastisch. Teuflisch. Dann wurde sie still. Ganz still. Und
sah mich an. Sie hatte so komische Augen. Von dem Blau
war fast nichts zu sehen. Riesige Pupillen. O Gott, dachte
ich. Die hat was genommen. Bloß das nicht! Ich wusste
nicht, wie ich reagieren sollte. Mein Verstand setzte ein-
fach aus. Ich hatte nur diesen einen Satz im Kopf: Jetzt ist
alles aus!

»Auf ihre Weise hat Lina uns immer spüren lassen, wie sehr sie uns liebt.«

checkliste

Was sind mögliche Anzeichen für Drogenkonsum?

- Während des Trips: ungewöhnliche Reaktionen – hektische oder zeitlupenhafte Bewegungen, Lachkrämpfe, ununterbrochener Redefluss (»Laberflash«) –, auffällig geweitete Pupillen. Manche Drogen (z.B. Pep, LSD, Pillen) machen die Augen lichtempfindlich – darum tragen Leute aus der Drogenszene, wenn sie am Morgen aus dem Klub kommen, oft eine Sonnenbrille oder ein weit ins Gesicht gezogenes Käppi. Dahinter lassen sich auch gut die geweiteten Pupillen verbergen.

- Verhaltensänderungen: Die meisten Drogen verstärken, was da ist. Bei Ecstasy zum Beispiel glaubt der Jugendliche, wenn er high ist und »feiert«, alle anderen, die auch was genommen haben, wären seine Freunde. Kommt er runter, empfindet er die Wirklichkeit als hart und unerträglich. Kommen da noch die Eltern oder Lehrer mit irgendwelchen Forderungen daher und ist die Grundstimmung sowieso schon gereizt, reagiert er unter Umständen ziemlich aggressiv.

- Manche Drogen machen »breit« (vor allem das Kiffen), andere dagegen wecken auf (Pep, Koks, Ecstasy, LSD). Wer Pep genommen hat, ist innerlich so hektisch, dass er ständig nach einem Ventil für seinen Bewegungsdrang sucht. Hampeln mit den Beinen, zucken mit den Armen – alles ist recht, nur nicht still sitzen.

- Das Hören von Techno und häufige Discobesuche sind natürlich noch kein Anzeichen für Drogenkonsum. Tatsache ist, dass in der Technoszene das Einwerfen von Pillen quasi dazugehört. Aber auch in anderen Szenen wird fleißig konsumiert.

- Auffällig hoher Geldverbrauch. Große Fantasie und Findigkeit bei der Beschaffung von ein paar zusätzlichen Mark. Wer exzessiv konsumiert, schreckt meistens nicht davor zurück, selbst Eltern oder Geschwister zu beklauen.

- Oft abrupter Wechsel des Freundeskreises. Wer in die Drogenszene rutscht, lebt sich mit seiner bisherigen Clique meist schnell auseinander. Für Freunde bleibt dem »Chemiker« wenig Zeit. Wenn überhaupt, dann interessieren ihn Leute, die auch was nehmen – Leute, die er zufällig trifft und einen Abend lang für seine besten Freunde hält.

jeder ist anders

Zu merken, dass jemand Drogen nimmt, ist trotz solcher Anhaltspunkte alles andere als einfach. Lina wollte »cool« wie ein Gangsta Rapper sein und ist über diese Schiene in den Drogenkonsum geschliddert. Die Veränderung, die mit ihr vorging, war auffällig und beängstigend. Sie wurde immer aggressiver, unduldsamer und unverträglicher, fiel bald aus dem gesellschaftlichen Rahmen heraus. Aber das muss nicht bei jedem Drogenkonsumenten so sein, denn nicht jeder hat die coole Tour drauf. Besonders bei Leuten, die von Natur aus eher still und zurückhaltend sind, bekommt oft lange keiner mit, welchen Weg sie eingeschlagen haben. Sie gelten meist als zu brav und angepasst, als dass man ihnen so etwas zutrauen würde.

der wahrheit ins gesicht sehen

Dass jemand, den man gern hat, auf Drogen sein könnte, ist ein so unangenehmer Gedanke, dass viele Menschen ihn kaum zulassen können. »Dass sie sich so aufführt, ist ganz normal in dem Alter«, beschwichtigen die Eltern. »Wenn ich solche Probleme hätte, würde ich auch ausrasten«, rechtfertigen die Freunde. »Geschwister sind sowieso bescheuert!«, reden sich Schwestern und Brüder ein. »Die Schüler sind heute eben schwieriger als früher«, klagen die Lehrer. Manchmal dauert es lange, bis man merkt, was wirklich los ist. Und wenn man es dann erkennt, will man der Wahrheit womöglich nicht ins Gesicht sehen. Aber Wegschauen hilft dem Drogenkonsumenten nicht. Es bestärkt ihn nur in seinem Glauben, es würde sich sowieso niemand für ihn interessieren – oder alle anderen seien so dumm, dass man sie problemlos verarschen kann.

Wenn dich jemand, der dir nahe steht, auf einmal belügt, **Was können**
beschimpft, beklaut, im Stich lässt, erpresst, dann zieh zu- **Freunde tun?**
mindest in Betracht, dass sein/ihr Verhalten mit Drogen zu
tun haben könnte. Und lass es dir nicht gefallen. Stell
ihn/sie zur Rede. Setz dich zur Wehr! Wenn überhaupt,
dann bringst du ihn/sie so am ehesten auf den Teppich zurück. Und was vielleicht noch wichtiger ist: Du bewahrst
dir selbst deine Würde.

und wenn es tatsächlich drogen sind?

Was? Man hat ihn beim Kiffen erwischt? Wie? Er hatte
Pappen und Pillen dabei? Steht er etwa schon mit einem
Bein im Grab?! Schließlich berichten die Medien von fast
zweitausend Drogentoten im Jahr ... Oder sitzt er/sie **Nicht gleich**
schon halb im Knast? Wie gefährlich ist die Sache wirklich? **in kopflose**
Es gibt kaum ein Thema, das so mit Angst besetzt ist, wie **Panik verfal-**
das der Drogen. Doch Angst bringt nicht weiter. Sie trübt **len!**
die Sinne und behindert klares Denken. Wenn fest steht,
dass Drogen im Spiel sind, ist es wichtig, sachlich zu bleiben und sich einen Überblick über die tatsächliche Lage zu
verschaffen. Wie gefährdet ist der Jugendliche wirklich?
Probiert er ab und zu oder ist er wirklich richtig eingestie-
gen? (Siehe »weiches« oder »hartes« Konsummuster auf
Seite 29f.)

feiern ist geil, oder?

Früher, als ich noch klein war, habe ich mich mit meiner Familie supergut verstanden. Ich hatte das Gefühl, wir wären was ganz Besonderes. Es ging immer so locker zu bei uns. Ich konnte Freunde mitbringen, so viele ich wollte, und keiner regte sich auf, wenn wir Krach machten oder mal wieder den Kühlschrank plünderten. Weil wir so viele Freiheiten hatten, hat sich eigentlich ständig alles bei uns zu Hause abgespielt. Meine kleine Schwester war immer mit dabei. Wir beide – wir waren ein Herz und eine Seele. Sie war voll süß, so richtig zum Knuddeln.

Meine Mutter, die saß zwar so gut wie immer an ihrem Schreibtisch – sie hat damals schon zu Hause gearbeitet –, aber wenn es ein Problem gab, hat sie sich immer Zeit genommen. Und auch zu meinem Vater konnte ich immer kommen, wenn ich was brauchte. Er war für mich fast so was wie ein Kumpel. Ich nannte ihn nie »Papa« oder so. Das fand ich viel zu kindisch. Für mich war er der Gördy. Er war immer gut drauf. Und er liebte Überraschungen. Manchmal sind wir mit ihm in den Zirkus gegangen, aber er hat nicht einfach gesagt: »Wir gehen jetzt in den Zirkus.« Er machte ein riesengroßes Geheimnis daraus und jedes Mal bin ich drauf reingefallen. Ich war immer soooo gespannt. Hab die ganze Fahrt über rumgerätselt und wär vor Spannung fast geplatzt. Und wo landeten wir am Ende? Vor dem Zirkus! Wo sonst?!

Dann kam eine Zeit, da war ich viel mit Annette, einem Mädchen aus meiner Klasse, zusammen. Die hat fast jedes Wochenende mit ihrer Familie einen Ausflug gemacht. Auf einmal war ich voll eifersüchtig. Warum unternahmen die so viel zusammen, während wir immer nur zu Hause rumhockten? Erst heute merke ich, wie ungerecht ich damals war. Ich hab einfach nicht gesehen, was mir zu Hause alles geboten wurde. Wahrscheinlich sehnte ich mich einfach nur nach Abwechslung. Annette ist zum Beispiel mit ihrer Familie jeden Samstag zum Frühstücken zu *Möbel Mann* gefahren. Und wir? Warum konnten wir so was nicht machen? Ich war sauer und zeigte es auch. Gerade als meine Unzufriedenheit auf ihrem Höhepunkt war, ich war gerade dreizehn, da passierte es. Meine Mutter kam ins Krankenhaus. Brustkrebs. Die Nachricht hat mich getroffen wie ein Hammer. Ich hab mich voll Scheiße gefühlt. Warum ausgerechnet meine Mutter? Ich durfte gar nicht darüber nachdenken, wie es jetzt weitergehen sollte! Am besten gar nicht hingucken! Solange mir das gelang, ging's mir gut. Wenn mich in der Zeit jemand gefragt hätte, wo meine Mutter ist, ich glaub ich hätt gesagt, ich weiß es nicht. Dass sie krank war, hab ich total verdrängt. Aber ich war immer so traurig, so unendlich traurig.

> »Ich lenkte mich ab und strich meine Mutter aus meinem Gedächtnis.«

Und dann ... dann hat das Ganze angefangen. Schrittweise. Leute, die aus dem üblichen Rahmen rausfielen, zogen mich mehr und mehr an. Mit denen, die bei den Lehrern unten durch waren, hing ich rauchend in der Unterführung vor der Schule rum. Im Unterricht spielte ich die Obercoole. Ich wollte alles, nur nicht normal sein. Einträge ins Klassenbuch, die waren für mich fast so was wie ein Ehrenabzeichen. Schaut her, was sich die Lina alles traut! Besonders nach den Sommerferien mit Anna brach ich bewusst alles, was es an Regeln gab. Vier Wochen lag meine Mutter im Krankenhaus, danach war sie über Monate hinweg kaum zu etwas zu gebrauchen. Immer wieder musste sie in die Klinik und wenn sie zu Hause war, war ihr übel oder sie hatte Kopfschmerzen oder war sonst irgendwie schlecht drauf –

das hatte wohl mit der Chemotherapie und den Bestrahlungen zu tun. Sie lief wie ein Gespenst durchs Haus. Klar, dass sie sich um uns Kinder nicht so kümmern konnte. Eigentlich war mir das nur recht. Ich wollte gar nicht, dass sie sich um mich kümmert. Ich wollte sie nicht sehen in dem Zustand, wollte nichts mit ihr zu tun haben. So fand ich es gut, dass ich mehr Freiraum hatte und viel öfter allein war als vorher. Natürlich ist mein Vater für uns da gewesen, aber tagsüber musste er in die Firma. Was ich am Nachmittag machte, bekam keiner mit.

Als meine Mutter endlich wieder »normal« war, war nichts mehr so wie früher. Da hatte ich längst Sven kennen gelernt und mit dem Kiffen angefangen. Wenn ich was geraucht hatte, machte das Leben auf einmal wieder Spaß. Da konnte ich lachen und aller Frust war vergessen. Ich fühlte mich irgendwie unbesiegbar. Schon bald legte ich mir eine eigene Pfeife zu, damit ich gemütlich in meinem Zimmer chillen konnte. Meistens kamen ein paar von meinen Freunden dazu. Der Duft von Hasch verbreitete sich im ganzen Haus. Meine Mutter dachte, dass es nach Räucherstäbchen riecht. Die hatte halt keine Ahnung.

Das Geld fürs Kiffen zu beschaffen erschien mir gar nicht so schwer. Meistens haben wir's sowieso so gemacht, wie es in der Szene üblich ist: An einem Tag hat der eine was für fünfzig Mark gekauft, und das reichte dann für alle. Am nächsten Tag war der Nächste dran. Irgendeiner hatte immer was. Ab und zu mal fünfzig Mark aufzutreiben war kein großes Problem. Auch als ich nach der Nacht mit den glasierten Zitronen mit den Pillen anfing, hielt sich das mengenmäßig erst mal in Grenzen. Ich hab halt was genommen, wenn was da war. Schon eher hab ich Pep gezogen (also Speed geschnupft) mit meinem Freund Hüseyin. Das hab ich täglich gemacht.

»Viel mehr als DM 50 brauchte ich anfangs nicht.«

Kurz vor Mitternacht. Es ist kalt, Ende November. Mit klammen Fingern nestle ich das Parkticket aus der Handtasche hervor und schiebe es in den Automaten. Vier Mark zwanzig. Ich drücke den Bügel des Portmonees auf. Kein Kleingeld. Nicht eine Münze ist drin. Komisch! Ich schaue ins Scheinfach. Gähnende Leere. Das kann doch nicht wahr sein! Ich stehe mitten in der Nacht mutterseelenallein im Parkhaus und kann mein Auto nicht auslösen, weil ich keine müde Mark in der Tasche habe ... Es gibt nur eine Erklärung: Lina. Dabei hatte ich in letzter Zeit sowieso schon alles weggesperrt. Nur einen einzigen Moment hatte ich meine Handtasche unbeaufsichtigt im Flur stehen lassen, bevor ich aus dem Haus ging – gerade so lange, wie ich brauchte, um noch mal zur Toilette zu gehen. Nicht einmal ein paar Groschen zum Telefonieren hat sie mir gelassen. Ich könnte schreien vor Zorn!

Lina fängt an, ihre Mutter zu beklauen.

Piece, Pep, ab und zu Ecstasy – ein paar Monate lief das so. Bis ich mit Dennis zum ersten Mal ins Omen ging. Das Omen war eine Disco in der Frankfurter Innenstadt, die lange Zeit der Treffpunkt der Chemikerszene war, bis sie irgendwann – vermutlich wegen Drogen – dicht machen musste. In dieser Nacht hab ich das Feiern richtig entdeckt. Das war der eigentliche Wendepunkt. Es war, als hätte ich Blut geleckt. Ich wollte es einfach nicht mehr missen – dieses Gefühl, alles loslassen zu können. Wenn ich im Omen war und was genommen hatte, waren alle Leute meine Freunde. Da gab es nur noch uns und die Musik. Was anderes zählte nicht mehr. Von da an hat sich alles nur noch darum gedreht, das Wochenende zu organisieren. Wenn Sonntagnacht alles vorbei war, war das wie ein Absturz ins Bodenlose. Ich war jedes Mal so traurig und deprimiert. Montag und Dienstag waren die schlimmsten Tage. Da hing ich total durch. Aber am Mittwoch

»Ich habe
schon
gemerkt,
dass mein
Leben in die
Brüche
ging.«

dachte ich: »Mann, übermorgen ist ja schon wieder Freitag!« Da war ich dann schon total euphorisch. Dass dabei mein Leben in die Brüche ging, habe ich zwar gemerkt, aber ich kam gar nicht auf die Idee, was zu ändern. Ich hatte überhaupt keinen Bock mehr auf irgendwas anderes. Ich hatte genug damit zu tun, mich aufs Wochenende zu freuen und zu klären, mit wem ich weggehen wollte.

protokoll eines abstiegs

»Wenn man
Ecstasy
nimmt, geht
die Musik
direkt in
deinen Kopf
rein. Techno
und Drogen
gehören
einfach
zusammen.«
Vanessa,
17 Jahre

Oktober 94: Mit dreizehn raucht Lina ihren ersten Joint. Kiffen wird schnell zur Gewohnheit. Weil sie Geld braucht, fängt sie an, die Eltern und die kleine Schwester Eva zu beklauen. Sie bringt Evas Sparbuch an sich und hebt unauffällig über mehrere Wochen verteilt fast dreitausend Mark ab.

Eva

Jedes Mal, wenn ich mein Taschengeld gekriegt hatte, stand Lina bei mir im Zimmer und wollte sich was ausleihen. Sie hatte immer eine gute Geschichte auf Lager, da konnte ich einfach nicht Nein sagen. Ich wollte ihr schließlich helfen. Lina schien ja dauernd in irgendwelchen Schwierigkeiten zu stecken. Sie schwor, dass sie mir alles zurückzahlen würde, aber ich habe nie wieder was von dem Geld gesehen. Irgendwann hab ich kapiert, dass ich ihr nicht mehr vertrauen durfte. Aber dass sie mir mein Sparbuch geklaut hatte, war noch mal was anderes. Das konnte ich einfach nicht glauben. So was gibt's doch gar nicht, dachte ich, so was tut meine Schwester nicht. Und wenn sie es wirklich getan hatte, musste sie krank sein. Denn gemein, das wusste ich genau, gemein war sie nicht!

**ECSTASY
MAKES
MY MIND
FEEL FREE!**

*»Ich denke
überhaupt
nicht daran
aufzuhören.
Feiern ist
super!«*
Sven,
16 Jahre

*»Es wird rein-
gehauen,
was kommt,
egal ob es
Ecstasy, Pep
oder Koks
ist.«*
Jo, 14 Jahre

**STRESS
MIT MUDDI
RAUCH 'NE
BLUBBIE!**

Juli 95: Nach diversen Vorkommnissen (Beklauen von Mitschülern, Schwänzen, Anpöbeln von Lehrern ...) Verweis vom Gymnasium und Wechsel auf die Gesamtschule.

September 95: Erster Ecstasy-Konsum. Kurz darauf kommt Lina über ihren besten Freund Hüseyin erstmals mit Pep in Berührung. Bald wird täglich gezogen und ab und zu auch mal ein Ticket gefressen – Lina nimmt, was kommt. In die Schule geht sie nur sporadisch. Etwa um diese Zeit schreibt sie die folgende erfundene Geschichte in ihr Tagebuch.

Aus Linas Tagebuch
(Überschrift: »Eine erfundene Geschichte«)
In der 6. Klasse fing es an. Ich hatte einen Geldbeutel mit zweihundert Mark gefunden. Erst wusste ich gar nicht, was ich mit so viel Geld machen sollte. Dann ging ich in die Stadt und kaufte ein. Am nächsten Tag in der Schule kamen sie plötzlich alle an! Nur weil ich andere Klamotten anhatte. Na ja, ich freundete mich dann mit Eugene an. Er war Amerikaner, sehr groß, Glatze, sah gut aus. Das einzige: Er dealte und nahm Drogen. Einmal fragte er mich, ob ich mir Geld verdienen will. Ich sagte natürlich ja! Wir gingen an den Bahnhof und er vercheckte was. Dann drückte er mir einen Fuffie [Hasch im Wert von fünfzig Mark] in die Hand und sagte: »Verkauf das!«
Fünf Minuten später kam ich mit dem Geld in der Hand zurück. Als ich es ihm geben wollte, sagte er: »Nein, das kannst du behalten.«

»Ich freue
mich die
ganze Woche
über auf
Freitag.
Partys ohne
Drogen
finde ich
total
langweilig.«
Patricia,
15 Jahre

»Drogen –
die brauch
ich halt ab
und zu. Weil
ich dann aus
dem Alltag
raus will
in eine ganz
andere
Welt.«
Sonja,
16 Jahre

»Feiern
ist pervers
geil.«
Tamara,
21 Jahre

Oktober 95: Lina wird beim Ladendiebstahl erwischt. Um einem Gespräch mit den Eltern aus dem Weg zu gehen, bleibt sie tagelang von zu Hause weg. Als sie kommt, bringen die Eltern sie zwangsweise zur Drogenberatung. Während des Gesprächs fragt sie nach der Toilette, klettert durchs Fenster und haut ab. Kurz darauf wird sie in ihrer alten Schule gesehen: Sie klaut dort einen schwarzen Rucksack mitsamt Geldbeutel.

November 95: Die Drogenberatung stellt Lina einen WG-Platz in Aussicht. Mit den Eltern will sie nichts mehr zu tun haben. Sie versucht, ihr Leben auf die Reihe zu bekommen. Tritt ein Schülerpraktikum in einem Schuhladen an. Am ersten Tag lässt sie dort ein Portmonee mitgehen. Am selben Abend meldet sich die Polizei und wirft Lina weitere Diebstähle vor. Als sie mit den Vorwürfen konfrontiert wird, reagiert Lina gewalttätig. Sie flüchtet und kommt erst Tage später wieder nach Hause. Jugendamt und Schule raten, sie vorübergehend in ein jugendpsychiatrisches Heim einzuweisen. Der richterliche Beschluss zur geschlossenen Unterbringung wird erteilt. Lina bleibt drei Monate lang, nutzt aber in dieser Zeit mehrere Freigänge zum Abhauen.

Januar 96: Nach dem Heimaufenthalt wird Lina auf Probe in der Realschule angenommen. Schon am dritten Tag fehlt sie. Von da an erscheint sie nur noch gelegentlich zum Unterricht. Zu Hause schreit sie nur rum. Klaut alles, was nicht niet- und nagelfest ist. Besorgt sich einen Zweitschlüssel zu Ullas Zimmer und bedient sich aus der Haushaltskasse. Erneute Vorladung bei der Polizei wegen Diebstahls. Bei der Vernehmung wird sie wieder aggressiv.

Februar 96: Nachdem Lina die Probezeit auf der Real-schule nicht bestanden hat, Wechsel zur Hauptschule. Noch im selben Monat fliegt sie wegen Unterschriften-fälschung. Lina haut wieder ab.

Aus Linas Tagebuch

»*Feiern ist besser als ein Orgasmus.*«
Stefanie, 17 Jahre

HÜTE DEINE TÜTE, DENN HIGH SEIN HEISST FREI SEIN.

Die Sonne geht auf, die Sonne geht unter. Ich bin voll drauf und komm nicht mehr runter.

Ich sitze hier auf dem Sofa beim Jimmy und fühle mich gut. Außer ... dass ich von zu Hause wegge-laufen bin. Irgendwie will ich aufs Internat. Mal die Coole sein, weg von den Scheiß-Eltern und so. Ich sage das denen auch morgen. Ich gehe auch nicht mehr in die Schule. Keinen Bock mehr! Ich halte es einfach nicht mehr aus! Mein Leben ist verloren. Ich rauche gerne Hasch und schmeiße Pillen und wenn ich so weitermache, ist sowieso alles egal. Heute hab ich einen Epi-Anfall von dem Zeug be-kommen. Shit! Mein Leben ist nur noch schön, wenn ich druff bin. Na ja, Sex macht auch Spaß! Ich weiß nicht, warum ich immer aus der Reihe tan-ze. Ich bin halt anders. Ich kann und will mich nicht an die Regeln halten, obwohl ich weiß, dass es bes-ser für mich wäre. Ich glaube, ich muss jetzt immer viel Sex haben, weil ich deswegen schon abgenom-men habe. Außerdem bekommt man davon auch Muskeln. Was komisch ist – ich mache mir schon jetzt Gedanken, wie ich auf dem Internat schlecht auffallen werde. Man soll ANGST vor mir haben! Und mir immer geben, was ich will! Ist das klar? Und ich werde mich erst einmal abschotten. So, dass jeder mit mir befreundet sein will. Mein Leben ist messed-up! Ich will sterben. Aber ich hungere mich nicht zu Tode, sondern ich esse mich zu Tode. Ich werde so viel essen, bis ich PLATZE!«

»Leute,
die feiern,
reden nicht
dauernd über
Probleme. Sie
bleiben eher
an der Ober-
fläche. Das ist
wie beim
Fernsehen.
Du brauchst
dich nicht an-
zustrengen.«

Karim,
20 Jahre

»Wenn man
sich nach
dem Chill-out
voneinander
verabschie-
det, ist die
schöne Welt
geplatzt. Dann
ist erst mal
wieder alles
vorbei. Dann
sind alle
deprimiert.«

Patricia,
14 Jahre

März 96: Das Jugendamt verwirft den Plan, Lina in einem Internat unterzubringen. In ihrem Fall käme nur noch eine geschlossene Unterbringung in Frage, da sie sonst sowieso abhauen würde. Noch bevor der Aufenthalt organisiert werden kann, drückt Lina in der Innenstadt ein Mädchen in einen Hauseingang und erpresst zweihundert Mark von ihr. Anhand eines Fahndungsfotos wird sie identifiziert. Lina soll bis zur Vernehmung zu Hause unter Hausarrest gestellt werden. Sie tritt die Tür ein und stürmt davon.

Aus Ullas Tagebuch

Gestern Nachmittag stand Lina auf einmal im Flur. Sie war total fertig und wollte nur schlafen. Ich habe das Jugendamt verständigt und die wichtigsten Sachen zusammengepackt. Das Zimmer im geschlossenen Heim in Gauting bei München steht für sie bereit. Lina wusste nichts davon. Heute Morgen um sieben kamen drei Beamte – zwei Polizisten in Zivil und eine Frau vom Jugendamt. Sie rissen sie aus dem Schlaf, gaben ihr zehn Minuten Zeit, um sich fertig zu machen, und führten sie dann zum Auto. Wie eine Verbrecherin. Ich sah zu, wie sie einstieg. Sie glaubte, dass man sie nur zu einer Vernehmung mitnehmen würde. Dass sie in ein paar Stunden wieder draußen sei. Aber draußen sein, das ist jetzt erst mal für sie vorbei. Ich weiß nicht, wann ich sie wiedersehen werde. Ganz gleich, was sie gemacht hat – sie ist doch mein Kind. Meine Lina. Ich liebe sie. Und nun das! Ich bekomme kaum Luft, so weh tut das.

die verlockung ist groß

Chemiedrogen machen nicht körperlich abhängig, dafür aber psychisch. Das macht zwar die Entgiftung leichter, aber trotzdem ist es schwierig, davon loszukommen, wenn man erst mal richtig drauf ist. Die Trips können so schillernd und faszinierend, die dabei erlebten Gefühle so beglückend und ekstatisch sein, dass es mit der Zeit immer schwerer fällt, auf sie zu verzichten. Im Vergleich dazu muss der Alltag und die »normale« Freizeitgestaltung fast zwangsläufig farblos und öde aussehen. Daran ändert letztendlich auch die eine oder andere Horrorerfahrung nichts. Das bedeutet: Wer nach Dauergebrauch solcher Drogen aufhören will, bekommt zwar keine körperlichen Entzugserscheinungen (Schmerzen, Schüttelfrost, Übelkeit ...) wie beispielsweise bei Heroin oder auch Alkohol und Nikotin. Ist der Konsum aber erst einmal zur Gewohnheit geworden, will man den Zustand unbedingt wiedererleben – je öfter, desto lieber. Die Sehnsucht danach kann so zur Abhängigkeit werden, dass der User eine Menge Stress in Kauf nimmt, um sich seinen Konsum zu organisieren, selbst wenn sein Leben und seine Gesundheit dabei vor die Hunde gehen.

Chemiedrogen machen seelisch und emotional abhängig.

wenn du was nimmst:
zu welcher gruppe gehörst du?

Bei Leuten, die Drogen nehmen, gibt es im Prinzip zwei verschiedene Konsummuster – ein »weiches« und ein »hartes«.

- Die Leute aus der ersten Gruppe möchten einfach mal probieren oder nehmen ab und zu mal was in ihrer Freizeit, zum Beispiel wenn sie gelegentlich in die Disco gehen. Im Alltag haben Drogen bei ihnen keinen Platz und die meisten von ihnen hören nach einiger Zeit von ganz allein wieder auf.

● Die Leute aus der zweiten Gruppe nehmen dauernd was. Drogen zu konsumieren ist für sie so zur Gewohnheit geworden, dass ihr Alltag ohne sie nicht mehr denkbar wäre. Auch wenn sie meist eine Vorliebe für die eine oder andere Substanz haben, nehmen sie eigentlich alles, was kommt, Hauptsache es macht high. Wenn es erst mal so weit ist, fällt der Ausstieg schwer. Die Abhängigkeitsfalle ist zugeschnappt.

Innerhalb dieser beiden Gruppen gibt es natürlich weitere Abstufungen: »Ab und zu mal« was zu probieren kann für den einen einmal im Monat, für den anderen einmal im Jahr bedeuten. Und auch bei den »harten« Usern gibt es erhebliche Unterschiede in den Konsumgewohnheiten. Die beiden Beschreibungen sollen nur Anhaltspunkte geben, um das eigene Verhalten einmal kritisch unter die Lupe zu nehmen.

Steckst du selbst im Sumpf?

- Nehmen (fast) alle Leute, die du kennst, Drogen?

- Wie viel Geld brauchst du für Drogen? Musst du dir dauernd irgendwas einfallen lassen, um welches beizuschaffen, weil du dir sonst keinen Nachschub leisten könntest?

- Sagst du dir manchmal, du könntest jederzeit aufhören? Warum tust du es dann nicht? Sei ehrlich: Willst du es in Wirklichkeit gar nicht?

- Brauchst du einen Grund, um nichts zu nehmen? Überlegst du dir manchmal: Heute nehme ich nichts, weil ...?

- Hast du zu nichts anderem mehr Lust? Richtest du dein ganzes Leben danach aus, möglichst reibungslos deinen Drogenkonsum zu organisieren?

hol dir hilfe!

Wenn Jugendliche zur Drogenberatung gehen, dann tun sie es oft nicht freiwillig, sondern unter dem Druck von Eltern, dem Jugendamt oder auch dem Gericht. Es wird ihnen gesagt, da musst du jetzt hin, sonst bekommst du die und die Strafe, oder du darfst bestimmte Dinge nicht oder du kriegst etwas erst, wenn du dort warst. Kein Wunder, dass Jugendliche unter solchen Umständen keinen großartigen Bock haben, sich mit einem Drogenberater zu unterhalten. Wenn sie dann hingehen, tun sie es mit der Einstellung: Ich komm sowieso nicht drum rum, mit dem zu labern. Also mach ich das schnell, damit ich es hinter mir habe. Unter solchen Umständen wird ein Jugendlicher dem Berater wohl kaum richtig zuhören, denn er interessiert sich ja in dem Moment gar nicht dafür, was der ihm zu sagen hat.

Drogenberater wollen dir keine Vorschriften machen.

Wenn du merkst, dass du Probleme mit Drogen hast oder in die Szene reingerutscht bist, dann warte nicht erst, bis dich jemand zur Drogenberatung schickt. Geh von dir aus hin. Wer in so einer Beratungsstelle arbeitet, kennt sich mit Drogen aus. Er weiß, wovon er redet. Mit den DrogenberaterInnen kannst du auch über andere Sachen reden – eigentlich über alles, was dir Probleme macht. Die helfen einem in jeder Lebenslage. Sie machen dich nicht fertig. Und sie machen dir keine Vorschriften. Ihre Aufgabe ist nicht, dich zu irgendwas zu überreden oder von irgendwas abzubringen. Sie respektieren, dass du deinen Lebensweg selbst gehen willst. Sie sind dazu da, dich über Drogen aufzuklären und dir deine Fragen zu beantworten. Und sie können dir Wege zeigen, wie du selbst dein Leben auf die Reihe kriegen kannst. Das ist das Gute daran. Die Leute da heucheln nicht herum und nur weil jemand kifft oder Drogen nimmt, ist er für die noch lange kein Verbrecher. Und da ist noch was Gutes: Für DrogenberaterInnen gilt

Schweigepflicht. Alles, was du mit denen besprichst, bleibt unter euch. Kein Amt der Welt, ja nicht mal deine Eltern werden ein Wort davon erfahren.

Natürlich sind DrogenberaterInnen auch nur Menschen – zu dem einen hast du persönlich vielleicht sofort einen guten Draht, während du den anderen total unsympathisch findest. Gespräche können aber nur dann was bringen, wenn du Vertrauen hast. Ist das nicht der Fall, probier's bei jemand anderem oder geh zu einer anderen Beratungsstelle. Nur weil eine Frau oder ein Mann Scheiße ist, ist nicht die ganze Drogenberatung Scheiße!

speziell für die feier- und techno-szene

Wenn du feierst, dann bist du womöglich bei einer der »Basisorganisationen« gut aufgehoben. Die Leute dort bemühen sich um die Förderung der Party- und Rave-Kultur und versuchen gleichzeitig, etwas gegen den problematischen Umgang mit Drogen zu tun. (Siehe *Kontakte* ab Seite 121).

ich will hier raus!!!

ich will hier raus!!!

Ich hatte nur einen Wunsch: schlafen. Was wollte Gördy bloß von mir? Warum rüttelte er mich wach? Es war doch noch stockfinster draußen. Und was faselte er da? Polizei? Ich verstand kein Wort. Wollte nicht verstehen. Ich war einfach nur fertig, mein Kopf dröhnte, die Glieder waren schwer wie Blei. Dann drang es zu mir vor. Was??? Polizei??? Die Bullen? Um die Uhrzeit? Mit einem Schlag war ich hellwach. Mein Herz hämmerte. Jetzt bloß cool bleiben! »Reg dich nicht auf«, meinte Gördy. »Die wollen dich nur wegen einer Aussage mitnehmen.« Eine Freundin von mir hatte Mist gebaut und ich sollte deshalb als Zeugin vernommen werden. Wie in Trance zog ich mich an. Da standen sie im Flur. Komisch – warum waren sie zu dritt gekommen? Ich ging ins Bad. Schloss mich ein, ließ mir Zeit. Die sollten ruhig warten …

Auf der Wache grelles Neonlicht. Ein abgestandener Geruch von Bohnerwachs, Zigarettenqualm und Kaffee hing in der Luft, sodass mir fast übel wurde. Ich hatte höchstens drei, vier Stunden geschlafen. Fühlte mich wie durch die Mangel gedreht. Sie brachten mich in ein Büro, deuteten auf einen Stuhl. Kaum hatte ich mich hingesetzt, kam der Hammer. Da stand auf einmal der Jugendrichter vor mir und sagte: »Sie müssen jetzt nach Gauting. Das ist ein geschlossenes Mädchenheim!« Zuerst dachte ich, die wollen mich verarschen. Ich hatte keinen Plan, was das Ganze überhaupt soll, war total perplex. Doch wie sie mir Handschellen anlegten und mich aus der Wache zum Wagen brachten – zwei Polizisten und 'ne Tussi vom Jugendamt –, da wusste ich: Die meinen es ernst. Ich wär fast ausgerastet, so aggressiv und sauer war ich. Wenn's möglich

Lina wird in ein geschlossenes Heim zwangseingewiesen.

gewesen wäre, wär ich bei der nächstbesten Gelegenheit abgehauen. Aber mit den Handschellen kam Flüchten nicht in Frage.

Es blieb mir also nichts anderes übrig, als in den Wagen einzusteigen, und dann ging es ab in Richtung München. Was hab ich mich während der Fahrt aufgespielt! Der Frau vom Jugendamt gönnte ich keine ruhige Minute. Ich beschimpfte sie und nölte dauernd rum. Sie wär jetzt schließlich für mich verantwortlich, und da sollte sie mir gefälligst was zu essen kaufen! Ich hätte solchen Hunger und Durst hätte ich auch! Und dauernd fiel mir was Neues ein, was ich haben wollte.

Während der Fahrt nach Gauting schrieb Lina in ihr Tagebuch:

> *Mein Leben, was soll ich euch erzählen –*
> *Ich bin ein O.G. [Original Gangster]*
> *und nicht nur so ein Wanna-be [Möchtegern]!*
> *Pechtag!*
> *Nationaltrauertag!*
> *Shit!*

Das Erste, was ich von dem Heim in Gauting sah, war eine kleine Mauer und ein Tor. Ist ja super, hab ich gedacht, da komm ich leicht drüber. Von hier abzuhauen ist ja voll locker. Da bin ich eh gleich wieder weg! Noch während wir auf den Parkplatz fuhren, fing ich an, Fluchtpläne zu schmieden. Dann sind wir durch die Pforte durch – je ein Bulle rechts und links und die Jugendamtstussi vorne weg. Sie begleiteten mich bis in den Durchsuchungsraum. Dann ließen sie mich allein. Der Schlüssel drehte sich hinter ihnen im Schloss. Ich hockte auf dem Stuhl und starrte den albernen Wandkalender an. Endlich ging die Tür auf. Eine Betreuerin kam, um mich zu filzen – mich und meine ganzen Sachen. Großartig mit mir geredet oder mir gesagt, was abgeht, hat sie nicht. Was für ein Scheißgefühl! Als sie fertig war, ging's durch die zweite Tür in den eigentlichen Heimbereich. Schlüssel rein, Schlüssel raus. Schlüssel rein, Schlüssel raus. Aufsperren, Zusperren. Bei jeder Tür ging das so. Es dauerte nicht lang, da hab ich die Betreuer beneidet um ihren Schlüsselbund.

Sie führte mich in einen Innenhof – nach außen hin war dieser Teil hier voll abgeschottet. Alle Fenster und Türen, die es gab, gingen auf diesen Hof hinaus. Mit einer Ausnahme: die Tür, durch die ich gerade gekommen war. Und die war immer abgeschlossen.

Rechts im Hof saßen zwei Mädchen auf einer Bank. Auf den ersten Blick sahen sie wie Jungs aus und ich dachte: Wenigstens Typen, dann wird's zumindest nicht so langweilig hier. Ansonsten nahm ich nicht viel wahr von der Umgebung. Ich guckte es mir gar nicht an. Was sollte das auch? Ich würde ja sowieso nicht lange bleiben! Fieberhaft überlegte ich, wie ich am schnellsten wieder hier rauskommen konnte.

Ein paar Minuten später schloss die Betreuerin die Tür zur »Gruppe« auf – das ist das Haus, in dem du mit den Leuten aus deiner Gruppe wohnst – und führte mich auf mein Zimmer. Was heißt mein Zimmer? Wir waren zu zweit da drin! Das andere Mädchen, Janina, war nur gerade nicht da. Mir fiel regelrecht die Kinnlade runter. Wenn schon, dann wollte ich wenigstens ein Einzelzimmer!! Ich tobte. Schrie rum wie blöd. Die Betreuerin sagte kein Wort. Irgendwann kam ich auf den Teppich zurück. Dann fragte ich: »Und wo komm ich jetzt hier raus?« Was dann kam, zog mir den Boden unter den Füßen weg: »Du hast jetzt erst mal Gruppenarrest für

»Das zog mir den Boden unter den Füßen weg.«

einen Monat. Und Kontaktsperre – das heißt, keine Anrufe und so. Von niemandem, nicht von den Eltern und von den Freunden schon gar nicht.« Also nix mit raus! Und auch sonst durfte ich nichts! Einen Monat lang! Einen ganzen Monat lang komplett eingesperrt. Von morgens bis abends. Da wusste ich: Jetzt sitz ich in der Scheiße!

Bevor Lina nach Gauting kam, habe ich alle Hebel in Bewegung gesetzt, um sie woanders unterzubringen. Ich wusste, wenn sie zu Hause bleibt, dann hat sie keine Chance. Es war ja deutlich zu sehen, wie sie auf den Abgrund zuging – auf allen Ebenen. Dauernd passierte irgendwas. Wenn das Telefon klingelte, zog ich jedes Mal unwillkürlich den Nacken ein. An einen Schulabschluss war unter diesen Umständen gar nicht zu denken. Aber am meisten Sorgen machte ich mir um ihre Gesundheit. Ich dachte wirklich, sie würde sich aus dem Leben schaffen. Ich durfte gar nicht darüber nachdenken, was sie alles an Drogen konsumierte. Und so hab ich mir die Finger wund telefoniert und ein Heim nach dem anderen angerufen. Aber ich bekam nur Absagen. »Was, sie kifft? Was, sie nimmt Chemie? Nein, dann nehmen wir sie nicht!« Manchmal auch das andere Extrem: »Ja, wenn sie heroinsüchtig wäre, dann hätten wir einen Platz für sie.« Verdammt! Sollte ich ihr etwa 'ne Spritze setzen? Oder: »Wir nehmen sie nur, wenn sie freiwillig bleibt.« Aber freiwillig wollte Lina nur feiern, Spaß haben und Drogen nehmen. Am Ende war die einzige Möglichkeit, die ich noch sah, die geschlossene Unterbringung. Damit kamen in Deutschland ganze zwei Adressen infrage – eine davon war Gauting, in der Nähe von München. Nur dort war einigermaßen sicher, dass sie nicht an Drogen herankam. Und nur dort war man bereit, sie auch gegen ihren Willen aufzunehmen. Ich wusste, was das für Lina heißt – geschlossene Unterbringung, das

»Die einzige Möglichkeit, die ich für Lina noch sah, war die geschlossene Unterbringung.«

ist Freiheitsberaubung! Lina, die Streunerin, hinter Gittern. Und das mit vierzehn Jahren! Ich dachte: Entweder sie packt es und kommt von ihrem Selbstzerstörungstrip runter – oder sie geht drauf. Aber wenn wir sie nicht einweisen lassen, hat sie gar keine Chance.

du brauchst nicht alles allein zu schaffen!

Die Feierleute werden immer jünger. Als Lina mit vierzehn durch die Klubs zog, war sie noch ein Einzelfall. Heute tauchen in der Szene immer mehr Kiddies auf. Nicht alle stürzen ab. Die, die sich zu Hause wohl fühlen und nicht ausbrechen wollen, schaffen es am ehesten, ihr Leben trotz Drogenkonsum auf der Reihe zu haben. Sie haben zumindest zwei Dinge, die ihnen im Leben wichtig sind – das Feiern und die Familie. Aber die Leute, die nicht glücklich sind – die sacken oft total ab. Für sie wird das Feiern zum Familienersatz. Daneben gibt es nichts mehr, was ihnen noch wichtig wäre. Besonders gefährdet sind die, die das Gefühl haben, sie hätten sowieso nichts zu verlieren.

Wenn du mit deinen Eltern und auch dem Rest der Familie nichts anfangen kannst, ist der nächste logische Schritt meist, sich auf der Suche nach Hilfe an die Freunde, an die Clique zu wenden. Wenn du gute Freunde hast, ist das klasse, sie können für dich lebenswichtig sein. Viele Freundschaften bleiben aber sehr an der Oberfläche.

checkliste für feierleute

Wie gut ist deine »Partyfamilie«?

● Feierst du in einer festen Clique? Würdest du die anderen als deine Freunde bezeichnen? (Siehe auch Checkliste *Freundschaften* auf Seite 103.)

● Kümmert ihr euch um Leute aus eurer Clique, die akut in Problemen stecken?

● Wenn's darauf ankommt: Was ist den einzelnen Leuten in deiner Clique wichtiger – ihr Spaß oder der Freund, der in der Scheiße steckt?

● Besteht die Unterstützung darin, dem anderen noch ein Bier (oder 'ne Pille) zu bringen, oder sucht ihr gemeinsam nach echten Auswegen aus der Krise?

● Gibt es in der Clique Leute, an die du dich selbst im Notfall wenden würdest? Von wem würdest du am ehesten einen Rat annehmen?

● Haben die Leute in deiner Clique ihr Leben auf der Reihe? Wie kommen sie mit dem Alltag zurecht?

Du musst nicht alles allein schaffen. Wenn du unglücklich bist oder das Gefühl hast, allein nicht mehr klar zu kommen, hol dir Hilfe. Drogen lassen dich vielleicht die Scheiße ringsum vergessen, aber wirklich helfen können sie dir nicht. Wo du selbst keinen Ausweg mehr siehst, erkennen Außenstehende womöglich eine Lösung. Du musst nicht so stark sein, alles allein zu schaffen!

➔ In allen Bundesländern gibt es mittlerweile ein kostenloses Kinder- und Jugendtelefon oder eine telefonische Jugendseelsorge. Ob Ärger mit den Eltern, Liebeskummer oder anderer Frust – wenn du in einer Krise steckst, hilft man dir da weiter. Die Nummer findest du im Telefonbuch. Du kannst sie auch über die ganz normale Notrufnummer (110) erfragen. Am besten, du besorgst sie dir schon einmal vorsorglich. Wenn du vor lauter Problemen nichts mehr peilst, hast du bestimmt keinen Kopf mehr dazu!

➔ Bei Stress mit Lehrern oder Mitschülern und sonstigen Schulproblemen kann es helfen, erst mal Kontakt mit dem Vertrauenslehrer aufzunehmen. Er kennt die Situation an der Schule und kann vermitteln oder dir Wege weisen, auf die du allein vielleicht nie gekommen wärst.

➔ Nicht nur bei Drogenproblemen, sondern bei so gut wie jeder Art von Frust kannst du dich an die Jugend- und Drogenberatungsstellen wenden (siehe Kontaktadressen ab Seite 121). Hier bekommst du Hilfe,
  – wenn du Probleme mit deinen Eltern hast,
  – wenn du in der Schule oder im Job nicht klarkommst,
  – wenn du keinen Ausweg mehr siehst und Selbstmordgedanken hast,
  – wenn ein Freund oder eine Freundin oder in deiner Familie jemand abhängig ist,
  – wenn du Probleme mit Drogen oder anderen Süchten hast.

Die Jugend- und Drogenberatungsstellen können dir unter Umständen einen Platz in einer WG oder einem pädagogischen Wohnprojekt besorgen.

→ Wenn du keine Lust hast, direkt mit jemandem zu sprechen, kannst du dich im Internet anonym beraten lassen. Die www-Adresse findest du unter *Kontakte* auf Seite 123.

→ Siehst du nur noch rot (oder schwarz) und hast du das Gefühl, dass du dringend eine Auszeit brauchst, kannst du auch in eine psychosomatische Klinik gehen. Lass dich von dem Namen bloß nicht abschrecken! Das ist keine »Klapse«! Da gehen ganz normale Leute hin, die einfach nur Probleme haben und eine Auszeit aus ihrem Alltag wollen/brauchen. Wenn du keinen Plan mehr hast und allein gar keinen Ausweg mehr siehst, kannst du in einer solchen Klinik Unterstützung bekommen.

Aus Linas Tagebuch
*I MISS HOME AND DRUGS * I MISS HOME AND DRUGS * I MISS HOME AND DRUGS*

Die ersten Tage im Heim saß ich die ganze Zeit im Zimmer. Kein einziges Mal bin ich raus in die Gruppe. Ich konnte es einfach nicht glauben! Meine Eltern wollen mich linken – das war die einzige logische Erklärung. Vor allem auf meine Mutter war ich sauer. Der Gördy, dem hätte ich nie zugetraut, mich ins Heim abzuschieben. Da konnt ich den größten Scheiß bauen und trotzdem sagte er nichts. Aber die Ulla, die war immer irgendwie der Buhmann gewesen.

Nach einer endlos langen Woche durfte ich zum ersten Mal auf den Hof. Ein paar andere Mädchen saßen draußen rum, aber ich beschloss, erst mal auf Abstand zu bleiben. Ich hatte es schließlich nicht nötig, mich einzu-schleimen! Und so hockte ich mich allein auf eine Bank und steckte mir 'ne Zigarette an. Aaahh! Das tat gut, einfach so da sitzen und mir die Sonne aufs Gesicht scheinen lassen. Einen Moment lang schloss ich die Augen. Als ich sie wieder aufmachte, stand ein Mäd-chen vor mir – eine von den beiden, die ich am Anfang für Jungs gehalten hatte. Was ich noch nicht wusste: Sie war die, die damals auf dem Hof das Sagen hatte. »Was machst du denn da so alleine?«, wollte sie wis-sen. »Nichts«, meinte ich. »Ich wollt mich nur nicht ein-fach zu euch setzen.« Wir verstanden uns auf Anhieb und das war mein Glück. Von ihr akzeptiert zu werden bedeutete, dass keiner es wagte, mich fertig zu ma-chen. Das hätte ich zwar sowieso nicht zugelassen, aber trotzdem. Angesichts meiner Lage war das besser als nichts.

Das mit dem Abhauen schminkte ich mir ziemlich schnell ab. Ich merkte gleich: Wenn du dich hier nicht **In Gauting** einigermaßen an die Regeln hältst, hast du keine Chan-**macht Lina** ce. Warum sollte ich mir's also schwer machen? Ich tat **auf brav.** einfach alles, was mir gesagt wurde. Eine gute Schau-spielerin war ich schon immer gewesen. Wenn ein Be-treuer in der Nähe war, machte ich total auf brav. Alle Erzieher im Heim – sogar Bernhard, der Psychologe –, alle fragten mich verwundert: »Ja, Lina, warum bist du eigentlich hier?« Aber was wussten die schon über mich?!

Mit jedem Tag besserte sich mein Stand bei den ande-ren Mädchen und so war ich wenigstens nicht auf Jani-na angewiesen. Mit der verstand ich mich nämlich überhaupt nicht. Blöde Zicke! Wir haben uns gehasst. Die war schon ewig lang da und machte dauernd einen auf cool. Es passte ihr nicht, dass ich mir nichts gefal-len ließ. Wir lagen ständig im Clinch. Bis ich endlich mein eigenes Zimmer bekam. Fast zu schön, um wahr zu sein! Mein Zimmer. Ein eigenes Reich nur für mich! Dass ich da einziehen konnte, grenzte fast schon an Glück – wenn nur die äußeren Umstände anders gewesen wären. Und irgendwann durfte ich das erste Mal allein raus – ganz allein ohne Erzieher. Aber bis es so weit war, war ungefähr ein halbes Jahr vergangen.

Aus Linas Tagebuch
Magas Freund kommt. Tickets!?????? I MISS HOME AND DRUGS!

In den anderthalb Jahren, in denen ich in Gauting war, hab ich an die dreißig Kilo zugenommen. Ich hab einfach gern viel gegessen und was gab's im Heim sonst schon zu tun? O.K., vormittags war Schule. Aber ansonsten sitzt man nur rum und langweilt sich – und isst. Schokolade und dies und das. Essen machte einfach Spaß. Ich stopfte andauernd Nutellabrote in mich rein. Nicht, dass ich die mir selbst geschmiert hätte! Ich hatte schließlich meine Bediensteten: Meine Dumbos, die mir alles brachten, was ich wollte. Dumbos, das waren die Außenseiter, die tun mussten, was ich ihnen sagte. Wobei ... – eigentlich hat mir jeder was gebracht, wenn ich es wollte, denn alle hatten Angst vor mir. Ich hätt ja bloß zu sagen brauchen: »Die und die, die haben über dich geredet.« Oder: »Der und der, der hat was über den gesagt.« Mir hat ja jeder geglaubt. Ich hätte alles behaupten können! Was hab ich die alle gegeneinander ausgespielt!

»Ich hab alle gegeneinander ausgespielt.«

Und dann ist das mit den Tickets passiert. Da hat sich mein Ruf dann richtig aufgebaut.

Aus Linas Tagebuch

Heute Abend haben Assi und Hüseyin vom Ivan aus angerufen. Waren voll druff! Hab irgendwie so ein komisches Gefühl, als ob sie mich nicht richtig mögen! Will nach Hause! I MISS HOME AND DRUGS!

Sechs Monate dauerte es, bis endlich meine erste Heimfahrt genehmigt wurde (inzwischen war ich fünfzehn) – eine Betreuerin fuhr mit, um sicherzustellen, dass ich auch wieder zurückkam. Gerade nach solchen Ausflügen waren viele »abgängig«, wie man das nannte. Ulla, Gördy und Eva standen am Bahnhof in Frankfurt und bereiteten mir einen Riesenempfang. Wir waren total höflich miteinander, tranken Kaffee, redeten mehr oder weniger belangloses Zeug. Es war irgendwie, als würden wir auf Glatteis gehen – ganz, ganz vorsichtig. Bloß kein heikles Thema ansprechen. Und vielleicht war's auch gut so. Der Besuch war ein Erfolg. Alles verlief harmonisch. Von da an durfte ich alle vier Wochen allein nach Hause; von Freitag bis Sonntag. Endlich konnte ich meine alten Freunde wiedersehen und was mit ihnen unternehmen!

An einem solchen Wochenende schenkte mir Hüseyin eine doppelseitige Spirale.* Er meinte, da hätt ich wenigstens was, um mir die Zeit zu vertreiben. Er wusste nämlich, wie tödlich langweilig es im Heim war. Aber ich hab das Ding nicht lang aufbewahrt, konnte es einfach nicht abwarten. Ich hatte ja seit über einem halben

---

*Nach Aussagen von Dealern eine Pappe, die auf beiden Seiten bedruckt und mit LSD betropft ist. Ob das wirklich stimmt, ist fraglich, denn normalerweise werden Tickets in die LSD-Lösung eingelegt. Das Beträufeln wäre viel zu arbeitsaufwändig.

Jahr nichts genommen! Nichts! Noch am selben Abend hab ich 'ne halbe gefressen. Das Zeug haute total rein. Ich war die ganze Nacht so richtig druff! Geschlafen hab ich überhaupt nicht und am nächsten Morgen musste ich schon um sieben los zum Zug.

Gördy brachte mich zum Bahnhof. Angemerkt hat er mir bestimmt nichts. Wenn ich wollte, konnte ich völlig normal wirken, auch wenn ich auf Drogen war. Mir blieb noch 'ne halbe doppelseitige Pappe – also so viel LSD wie bei einem normalen Ticket. Gleich als ich im Zug war, bin ich ins Klo und hab sie mir ins Auge getan. Ich hatte gehört, dass man das machen kann und wollte es mal ausprobieren. Warum hatte mir bloß keiner gesagt, dass das so brennt! Ich weiß auch nicht warum, aber der Gedanke, dass ich high war, ist mir irgendwie gar nicht gekommen.

Als ich wieder draußen auf dem Gang stand, kam mir meine Reisetasche auf einmal riesig vor. Sie hat mich so gestört, dass ich fast durchgedreht wär. Wie eine Blöde bin ich durch den Zug und hab alles angerempelt, was mir in die Quere kam! Die Leute guckten mich total entgeistert an. Es müssen mindestens anderthalb Stunden gewesen sein, die ich so durch den Zug stürmte. Dann endlich setzte ich mich hin. Draußen auf dem Flur. Ich hatte zwar eine Sitzreservierung und auch sonst wären noch Plätze frei gewesen, aber immer, wenn ich mir die Leute danebenansah, dachte ich: Nee, mit denen will ich lieber nichts zu tun haben! Die sahen alle so verbogen und verzerrt aus. Monsterfressen und verhutzelte Gnome, sabbernde Mäuler, kraterige Knollennasen, Augenbrauen wie Handfeger … Ich war mitten in diesem Film und da war nichts normal. Aber ich kam nicht auf die Idee, dass das von der Pappe kam. Ich fragte mich nicht: Mann, wie sehen die alle aus!? Oder: Was hast denn du für Optics!? Es wa-

Im Zug nach Gauting kommt Lina auf einen schrägen Trip.

ren eben lauter komische Leute im Zug. Ich hielt das für real, meinte, die wären halt so.

Neben mir auf dem Gang saß so'n Typ – irgendwie der einzige, der halbwegs vernünftig wirkte. Ich fragte ihn, ob er 'ne Zigarette für mich hätte. Er hielt mir die Packung hin und wir unterhielten uns eine Weile. Anscheinend bekam er gar nicht mit, wie druff ich war. Ich war mitten im Satz, als ich auf einmal so ein komisches Geräusch hinter mir hörte. Screeeech. Screeeech. Ich drehte mich um. Komisch, da war nichts zu sehen. Gerade wollte ich weiterreden, da war der Typ auf einmal weg! Einfach weg! Das waren doch höchstens ein paar Sekunden gewesen, die ich weggeguckt hatte. Und da hab ich gepeilt: Wow, jetzt geht's richtig ab!!! Für einen Moment wurde mir ganz heiß vor Schreck. Aber dann hab ich den Gedanken gleich wieder weggedrückt. Scheiß drauf! Macht nix! Dann ist er halt weg! Und dann waren wir auf einmal in München. Das konnte doch gar nicht sein! Wir konnten doch nicht schon in München sein!? Das kam alles viel zu plötzlich auf mich zu! Ich hatte gedacht, ich hab noch voll die Zeit. Und jetzt stand ich auf einmal auf dem Bahnhof! Es wimmelte nur so vor Leuten und alles war unendlich riesig, ungeheuer hoch! Da hab ich gar nichts mehr gerafft. Ich ließ mich auf meine Tasche sinken und saß erst mal 'ne Zeit lang da, um zu überlegen. Was sollte ich bloß tun? Wo wollte ich eigentlich hin? O Gott, Hilfe!!! Verzweifelt grübelte ich, um den Plan wieder zu finden. Ich wusste einfach nicht mehr, was ich vorhatte. Bis mir auf einmal der rettende Geistesblitz kam: Ach ja! Stimmt! Ich musste ja nach Gauting.

Zugedröhnt wie sie war, schaffte Lina es kaum, in die S-Bahn einzusteigen, die vom Münchner Hauptbahnhof nach Gauting fuhr. Sie hatte total das Zeitgefühl verloren, die innere und die äußere Uhr liefen einfach nicht mehr parallel zueinander ab. Bis sie ihre Tasche gegriffen und zur Bahnsteigkante vorgegangen war, fuhr ihr die Bahn jedes Mal vor der Nase weg. Was sie für Eile hielt, war in Wirklichkeit Schneckentempo. Es bedurfte ihrer ganzen Konzentration, um am Ende doch noch den »Sprung« in die Bahn zu schaffen. Zum Glück traf sie im Zug einen Bekannten, der sie in Gauting auf den Bahnsteig setzte. Doch was dann im Heim geschah, hätte Lina fast den Rest gegeben.

Der dicke Wildeland hatte Dienst an der Pforte. Gott sei Dank, dachte ich. Der war nämlich total lieb. Aber dann auf einmal merkte ich, dass er sich voll verändert hatte. Das konnte doch nicht wahr sein! Da hockte doch kein Mensch. Das war eine Masse Fleisch und Speck, die sich so merkwürdig wölbte und wabbelte. Erst als ich genau hinsah, merkte ich, dass lauter Würmer darauf herumkrochen. Einfach eklig! Entsetzt flüchtete ich nach draußen vor die Tür. Dort ließ ich mich auf die Bank fallen und wartete, dass einer von den Betreuern kam, um mich auf die Gruppe zu bringen. Und da ist mir aufgefallen: Ey, du bist ja voll geschossen! Hoffentlich merken die das nicht! Ich zog meinen Schminkspiegel raus und sah mir meine Augen an. Meine Pupillen waren so groß, dass man kaum noch was von der Farbe sah! In dem Moment kam die Betreuerin – ausgerechnet Sabine, die immer auf alles achtet. Die alles merkt. Die schon aus zehn Metern Entfernung spürt, wenn mit einem was nicht stimmt. Aber seltsam – an dem Tag durchsuchte sie mich nicht. Sie guckte sich noch nicht mal meine Augen an. Und ich hatte schon die ganze Zeit nach unten geguckt, damit sie nichts rafft. Was sie dann sagte, verwirrte mich noch mehr: »Die Nadine sitzt auf dem Baum. Wir müssen jetzt rein.

»Meine Beine zitterten, mein ganzer Körper vibrierte.«

Los! Beeil dich!« Wie bitte?! Die Nadine sitzt auf dem Baum? Was will sie mir damit sagen? Warum erzählt sie mir das? Was hab denn ich damit zu tun?

Was Lina nicht wissen konnte: In der geschlossenen Abteilung herrschte ausgerechnet an diesem Abend das totale Chaos. Nadine war auf den Baum im Innenhof geklettert und versuchte, übers Dach abzuhauen. Als die anderen das mitkriegten, drehten sie total durch und fingen an zu randalieren. Möbel flogen durch die Luft. Irgendjemand steckte ein Tischtuch in Brand.

Die Betreuerin kam nicht mit rein in die Gruppe. Sie sperrte nur hinter mir ab und machte sich aus dem Staub. Auch sonst war weit und breit keiner von den Erziehern zu sehen. Wir waren ganz unter uns. Juhu, dachte ich, voll die Party! Endlich konnten wir mal machen, worauf wir Bock hatten! Judith versuchte, mir zu erklären, was los war, aber was sie mir erzählte, klang so bescheuert, dass ich nicht viel damit anfangen konnte. Ich setzte mich auf die Couch, um meine Gedanken zu sortieren. Das Ganze hier ging mir zu schnell. Es war so laut. Ich schwitzte und hatte Durst. Auf einmal stand Michi vor mir. Sie hatte einen Stein in der Hand und grinste so komisch. Dann fing sie an, auf die Tür einzudreschen. Wooom, wooom, wooom! Das war Panzerglas, aber sie kloppte und kloppte, wie eine Maschine, bis die Splitter flogen. Ich sah ihr völlig unbeteiligt zu, wie wenn im Fernsehen eine Reportage läuft – guckte einfach nur interessiert zu. Mir war nicht klar, was sie da überhaupt macht. Sie ließ den Stein sinken und streckte die Hand durch das Loch in der Scheibe. Und plötzlich war alles voll Blut. Ihre Hand, ihr Gesicht – überall Blut! Ich holte tief Luft. Mein Magen krampfte sich zusammen. Ich schluckte. Sprang auf.

Ich hatte genug! Ich wollte Ruhe haben! Einfach nur Ruhe! Aber überall war Krach. Alle schrien durcheinander. Draußen im Hof schmissen sie Stühle und brennende Sachen durch die Gegend. Steffi tauchte vor dem Fenster auf – das war so 'ne ganz Dürre, Abgemagerte. Und wie sie so dastand, fing sie auf einmal an, die Augen zu verdrehen und zu zittern, so als wär sie spastisch. Wie 'ne nackte Ratte sah sie aus. Eine riesengroße nackte Ratte. Ihre Augen glühten. Das lange Maul geiferte mich an. Ekelhaft! Da zog es mir den Boden unter den Füßen weg. Ich fiel der Länge nach hin. Nicht, dass ich ohnmächtig geworden wäre. Ich kippte einfach nur um. Es war mir zu viel! Die Sicherung brannte durch. Panik! »Waaah, ich bleib hängen!!!« Ich schrie und schrie. Plötzlich kam die Decke von oben auf mich zu. Mir war, als würde sie fahren wie ein Aufzug, nur – sie fuhr mitten durch mich durch. Ich fühlte es richtig. Ich raffte mich vom Boden hoch. Musste weg hier. Stand auf, konnte mich aber nicht auf den Beinen halten. Und nur dieser eine Satz kam aus mir raus: »Ich bleib hängen! Ich bleib hängen!«

»Steffi sah wie eine riesengroße nackte Ratte aus.«

Irgendjemand muss wohl die Betreuer gerufen haben, denn bald darauf waren die Sanitäter da. Sie brachten Lina sofort ins Krankenhaus. Die Fahrt war kaum auszuhalten. Alles wackelte. Sie glaubte, verrückt zu werden, stellte sich krampfhaft vor, durch den Wald zu laufen. Wenn sie das Bild verlor, das wusste sie, dann würde sie den Verstand verlieren. Irgendwann, nach endlos langer Zeit, kamen sie an. Auf einmal: Ruhe. Nur die Betreuerin war bei ihr. Sie redete leise auf Lina ein. Langsam, ganz langsam wurde es still in ihr. Müdigkeit breitete sich aus. Es war schon fast wieder hell draußen, als Lina endlich einschlief.

wohin geht die reise?

Was Lina im Heim erlebt hat, klingt extrem, aber Ähnliches kann *jedem* passieren, der Chemie nimmt. Unter LSD, aber auch unter Pillen, nimmt das Gehirn mit Riesenantennen alles auf, was ringsum passiert, und baut daraus eine neue Wirklichkeit zusammen. Du weißt vorher nie, in welche Richtung das geht oder woran sich der Film festmacht – ein Staubkorn kann zum Felsbrocken werden und ein Gesicht zur Fratze. Wer von vornherein nicht gut drauf ist, kann besonders leicht in Welten geraten, die der Mensch psychisch nicht aushält. Besondere Gefahren birgt auch der LSD-Konsum im ungeschützten Rahmen: Dabei können zu viele unkalkulierbare Situationen auftauchen, die man in dem Zustand nicht verkraften kann.

Ein schräger Film kann zum Horrortrip werden.

checkliste

Pass auf dich und andere auf

Drogen sind illegal. Sie zu missbrauchen ist gefährlich. Es kann dein Leben innerhalb von kürzester Zeit kaputt machen.

Wir geben uns aber nicht der Illusion hin, dass künftig niemand mehr was schmeißt, zieht oder raucht, nur weil wir davon abraten. Daher hier die wichtigsten Vorsichtsmaßnahmen:

❶ Keine Alleingänge machen. Gute Freunde sind wichtig! Bei Angst- oder Panikzuständen können sie mit beruhigendem Zureden helfen und im Notfall auch ärztliche Hilfe holen. Begleitung ist auch in anderer Hinsicht zum Selbstschutz wichtig: Wer was genommen hat, hat schon mal zu Leuten Vertrauen, die ihn einfach nur freundlich anlächeln, auch wenn sie es nur drauf abgesehen haben, ihn abzurippen – oder Schlimmeres.

❷ Auf das Umfeld achten. Wo man sich wohl fühlt, ist die Gefahr eines Horrortrips weniger groß. Krach, Schnelligkeit, wechselnde Situationen – alles, was von außen auf einen einstürmt, kann das Gehirn in Kombination mit Chemie an seine Grenzen bringen.

❸ Egal, was du nimmst: Die Substanz immer erst mal antesten, denn gerade bei Chemie weißt du nie, wie rein die Droge ist. Und hab Geduld. Es kann manchmal dauern, bis die Wirkung einsetzt. Leg nicht sofort nach.

④ Chemie nie auf der Straße kaufen. Das Zeug ist oft gepantscht. Entweder sind es Blender oder es sind giftige Beimengungen drin.

⑤ Auf Partys öfter mal in den Chill-out gehen oder eine andere ruhige Ecke suchen. Gönn deinem Hirn ab und zu eine Pause!

⑥ Beim Feiern ist der Flüssigkeitsbedarf enorm. Wenn die Getränke in der Disco zu teuer sind: Trinken vom Hahn auf der Toilette ist gratis. In der Gruppe gegenseitig darauf achten, dass jeder genug Wasser bekommt! Alkohol entzieht dem Körper zusätzlich Flüssigkeit. Außerdem reduziert er die Wirkung von Ecstasy.

⑦ Wie bei Alkohol gilt auch für Chemie: Hände weg vom Steuer, wenn du was genommen hast!

⑧ Wichtiger Hinweis für Außenstehende: Bei Panik oder Anzeichen eines Horrortrips ist es wichtig, den Betroffenen in eine möglichst ruhige Umgebung zu bringen, z.B. raus an die frische Luft oder in den Chill-out. Mit ruhigen Worten oder auch Körperkontakt gelingt es meist, den anderen wieder auf positive Gedanken zu bringen. Es geht darum, Sorgen zu entkräften und die Situation möglichst harmlos darzustellen (Fachleute sprechen von »Talk down«). Droht die Situation außer Kontrolle zu geraten, unbedingt sofort einen Arzt rufen (Telefonnummer des Notarztes: 112). Ärzte unterliegen der Schweigepflicht, also nicht lange drumherum reden! Das kostet Zeit! *Dem Arzt ehrlich sagen, was und wie viel konsumiert wurde.*

grenzenlose freiheit ...

grenzenlose freiheit ...

... grenzenlose Abhängigkeit!?

Achtzehn Monate war ich in Gauting. Anderthalb Jahre! Was sich da alles aufgestaut hatte! Ich war wie ein Druckkessel kurz vor dem Explodieren. Jeden Moment konnte die Bombe hochgehen! Endlich in Freiheit – was für ein unbeschreibliches Glücksgefühl! Den Hauptschulabschluss in der Tasche zu haben war mir eher unwichtig und dass ich direkt nach den Ferien ins Internat sollte, fand ich absolut Scheiße. Aber bis dahin waren ja noch sechs Wochen hin ...

Gördy

Ich hatte riesiges Bauchziehen davor, Lina wieder zu Hause aufzunehmen. Solange sie in Gauting war, hatte ich ein einigermaßen sicheres Gefühl. Natürlich war sie mehrfach abgehauen, aber letztendlich war sie immer zurückgekommen, und im Großen und Ganzen hatte sie sich einigermaßen vernünftig aufgeführt. Aber ich kannte Lina zu gut, um zu glauben, dass sie sich wirklich geändert hätte. Dazu war sie einfach eine viel zu harte Nuss – und eine zu perfekte Schauspielerin. Wenn sie erst mal zu Hause wäre, würde es ganz anders aussehen. Da würde sie sicher bald wieder in ihr altes Fahrwasser geraten. Und auf eines hatte ich absolut keine Lust: auf Teufel komm raus irgendwelche Regeln durchzusetzen. Nur zu gut erinnerte ich mich an die ständigen Streitereien, die es dabei immer gegeben hatte. Und so beschloss ich, sie in die Verantwortung zu nehmen. Sie war schließlich sechzehn. Was sollte ich ihr sagen, um wie viel Uhr sie nach Hause kommen musste, wenn sie sich doch nicht daran halten würde? Es war ja nur für ein paar Wochen. Was konnte da schon groß schief gehen?

Kaum war ich zu Hause, hockte ich mich ans Telefon und rief meine ganzen alten Leute von früher an. Was war ich happy, die alle wieder zu sehen! Natürlich waren sie noch schlimmer verfeiert als vorher, denn sie hatten ja die ganze Zeit weitergemacht wie bisher, während ich im Heim war. Aber ich hatte mir fest vorgenommen, alles in kürzester Zeit nachzuholen. Da kamen mir Gördys Worte gerade recht: »So, Lina«, sagte er mir gleich am ersten Tag, »du bist jetzt sechzehn Jahre alt und bist für dich selbst verantwortlich. Du kannst jetzt tun und lassen was du willst.« Genauso sagte er das! Ich hab nur gestaunt. Ja, wie? Ich kann jetzt machen, was ich will? Cool, ey!

»Für mich war das der endgültige Freibrief zum Feiern!«

In den ganzen Ferien hab ich kein einziges Mal richtig geschlafen. So viel bin ich noch nie gelaufen wie in der Zeit. Tag und Nacht war ich unterwegs. Nach Hause bin ich nur zum Duschen und Umziehen. Und die ganze Zeit hab ich Pep gezogen und Pappen gefressen, manchmal drei, vier Stück am Tag. Das Geld dafür hatte ich entweder vom Gördy oder ich hab's mir sonst wie beschafft. Irgendwie war das nie so'n Thema. Die Zeit raste nur so. So schnell wie in dem Sommer waren die Ferien noch nie vergangen.

Und so stand ich eines Morgens mit der gepackten Reisetasche vor dem Haus und musste Abschied nehmen.

Es war Samstag. Wer neu im Internat war, musste einen Tag früher anreisen, um sich häuslich einzurichten. Das ganze Wochenende war versaut! Als ob es nicht gereicht hätte, wenn ich Sonntagabend gekommen wäre. Häuslich einrichten – so ein Scheiß! Als ob es so lange dauern würde, eine Tasche auszupacken! Meine Eltern brachten mich hin und die ganze Fahrt saß ich wie ein Zombie im Auto. Total gefühllos. Ich wusste nur eins: Ich hatte null Bock, da hinzugehen. Kaum hatte man mir mein Zimmer zugewiesen, verkroch ich mich ins Bett. Ich hatte noch ein bisschen Pep dabei und hab gleich was gezogen, aber ich war so kaputt, dass ich vor lauter Erschöpfung trotzdem einschlief. Erst am nächsten Morgen wurde mir so richtig klar, wo ich gelandet war. Im Internat, da war es genau wie in Gauting! Es lag total in der Pampa. Noch nicht mal 'ne richtige Busverbindung gab's da. Wie sollte ich bloß von hier wegkommen?! Ich hockte wieder mal wie ein Tiger im Käfig. Je länger ich nachdachte, desto mehr regte mich das Ganze auf! Genau genommen war's nämlich viel schlimmer als im Heim. Dort war ich sozusagen die Queen vom ganzen Hof gewesen. Ohne mich lief da absolut gar nichts. Und hier? Hier kannte mich keiner. Hier war ich die Null.

Wenn ich einigermaßen klarkommen wollte, brauchte ich Verbündete. Irgendwen. Warum nicht die zwei Mädchen, die mit mir am Frühstückstisch hockten? Die waren nicht besser und nicht schlechter als jeder andere auch. Es dauerte nicht lang, da waren wir im Gespräch. Gut so. Da hatte ich wenigstens Gesellschaft. Von Drogen hatten meine neuen »Freundinnen« – Doro und Steffie – keine Ahnung. Noch nicht mal gekifft hatten sie. Aber das sollte sich bald ändern. Noch am gleichen Tag rauchten sie ihre erste Tüte mit mir. Und eine Woche später nahm ich sie mit auf eine kleine

Nach den Ferien geht's für Lina ab ins Internat.

Reise zum Feiern ins Omen. Ich führte sie so richtig in meine Welt ein. Die beiden bewunderten mich und fraßen mir regelrecht aus der Hand. Die hätten alles für mich getan! Und was das Beste war: Sie hatten ziemlich reiche Eltern und darum hatte ich ab sofort mit Geld kein Problem mehr.

Während Lina eifrig dabei war, ihr Netz von Verbündeten zu knüpfen und das Feiern zu organisieren, brauten sich am Horizont düstere Wolken zusammen. Die Lehrer kannten ihre Vorgeschichte und behielten sie sorgsam im Auge. Da fiel jeder Verstoß gegen die Schulordnung doppelt ins Gewicht.

Es war mir scheißegal, dass im Internat nur zweimal im Monat eine Heimfahrt genehmigt wurde. Was sollte ich mich an eine Regel halten, die einfach nur bescheuert war. Die hingen doch sowieso nur alle rum und ödeten sich an. Ich fuhr, wann es mir passte – fand immer jemanden, der mich per Autostopp mit zum Bahnhof nahm. Und wenn das nicht klappte, organisierte ich halt eine Fahrt mit dem Sammeltaxi. Sollte ich etwa da oben auf dem Berg versauern? Was konnte mir schon passieren? Dass sie mich auf die Straße setzen? Damit hätten sie mir bloß einen Gefallen getan!

Brief von Lina an Ulla
Ich hab eben am Telefon nicht reden können, also schreibe ich es jetzt. Es stimmt schon, ich war am Wochenende weg. Es gab noch was Dringendes zu erledigen. Es ging da um einen Freund, den konnte ich nicht einfach im Stich lassen. Ich weiß, dass es blöd ist, wenn jetzt schon

die ersten Beschwerden kommen, wo ich doch erst so kurz hier bin. Und ich weiß, dass meine Probezeit noch läuft. Aber es war wichtig. O.K., das hab ich schon oft gesagt, aber ich hoffe, dass du mir glaubst. Und dann wollte ich dir noch was erklären:

Eigentlich will ich immer alles richtig machen, aber in mir drinnen gibt es zwei Seiten. Die eine sagt: »Lina, du musst dich jetzt anstrengen und du darfst nicht so viel Mist bauen.« Und die andere sagt: »Lina, es ist sowieso alles egal. Mach einfach, was du willst!« Früher war die böse Stimme stärker, aber in mir hat sich was geändert. Irgendwie hat die gute Stimme endlich mal eingesehen, dass sie sich gegen das Böse wehren muss.

Und wenn du wissen willst, was jetzt im Moment in mir vorgeht: Die böse Stimme kämpft gerade mit der guten, und es steht vielleicht 1 zu 2 für die gute. Manchmal greift die böse Stimme eben doch noch durch. Ich muss lernen, mich dagegen zu wehren. Aber ich bin auf dem besten Wege dazu ...

Wenn die im Internat auch immer einen auf heile Welt gemacht haben – im Grunde ging es da auch nicht besser zu als anderswo. Da wurde genauso gekifft, geflackt und gezogen wie sonst auch. Und wer Drogen kaufen wollte, brauchte auch nicht weit zu laufen. Es war nur eine Frage des Geldes und hat vielleicht ein bisschen länger gedauert als anderswo. Schließlich musste die Chemie erst aus der Stadt geholt werden.

»Im Internat an Drogen zu kommen war nicht schwer.«

Piece gab es aber immer. Da war zum Beispiel so ein Zwölfjähriger in dem Internat, der dealte. Sein Vater steckte ihm Unsummen zu, obwohl das eigentlich verboten war, und so hatte er genug Geld, um ganze Haschplatten zu besorgen oder auch ein halbes Kilo Gras. Einfach so. Manchmal hat mich das schon ziemlich abgefuckt. Der lief fast noch in Windeln rum und konnte mit Geld rumschmeißen wie ein Ölscheich! Und was dann passierte, war sowieso die größte Schweinerei: Irgendwie flog auf, dass an der Schule Drogen im Umlauf waren. Und so schnell konnte ich gar nicht gucken, wie die mir das in die Schuhe geschoben hatten. Klar, bei den Lehrern hatte ich von Anfang an schlechte Karten. Jemand so wie ich, der schon mal im geschlossenen Heim war und den Drogenruf hatte, dem traute man so was doch viel eher zu als so 'nem verwöhnten Balg aus reichem Hause. Als sie dann bei mir auch noch einen Umschlag mit Pillen und Pappen fanden, war es aus. Dass ich nichts mit Dealen zu tun hatte, glaubte mir da kein Mensch mehr. Dabei hatte ich von meinem Checker nur eine größere Menge besorgt, weil das eben billiger war. Und jetzt? Jetzt war mal wieder alles aus. Ich hatte es verbockt und saß auf der Straße. Na ja, ich hatte da sowieso nicht hingepasst – ein Internat, auf das lauter reiche Tussen und Typen gingen. Was hatte ich da schon zu suchen?

freier fall

Internat im Odenwald: Nach drei Wochen Rausschmiss wegen Drogen
Jugendheim Bingen: Knapp zwei Monate später Verweis; auch diesmal wegen Drogen und weil Lina sich weigert, zur Schule zu gehen.

Aus Ullas Tagebuch

Heute war ich bei Lina. Warum bin ich nur immer so nervös, wenn ich sie besuche. Diesmal haben mir regelrecht die Hände gezittert. Lina wollte wissen, was los ist. Ich hab gesagt, es sei der viele Kaffee. Wir wussten nicht recht, worüber wir reden sollen. Haben Nichtigkeiten über das Wetter und die Schule ausgetauscht. Sie sieht verheerend aus. Schwarze Ringe unter den Augen, die Haut aschfahl. Dann hat sie gefragt: »Haste mal zwanzig Mark?« Und ich hatte das Gefühl: Wenn ich Ja sage, bin ich in dem Augenblick genau zwanzig Mark für sie wert. Und wenn ich Nein sage, gar nichts.

Auf Achse: Lina taucht ab und reist durch die Lande. Sie findet immer jemanden, der sie mitnimmt – zum Feiern in Berlin, Rotterdam, München ...

Diverse Schutzstellen in Mainz und Wiesbaden: Braucht Lina ein Rückreiseticket von einem ihrer Ausflüge, meldet sie sich bei der Polizei, denn sie weiß: Als Jugendliche wird sie immer kostenlos zurück in ihre Heimatstadt befördert und in irgendeiner Einrichtung untergebracht. Aber mehr als ein paar Tage hält sie es nirgendwo aus. Entweder sie haut wieder ab oder sie wird wegen Diebstählen, Randaliererei oder Drogenkonsum vor die Tür gesetzt.

Kinderheim Mainz: Nach ein paar Tagen haut Lina von hier ab. Auch diesmal lässt sie Geld mitgehen. Damit kann sie sich in der gesamten Region in keiner einzigen Einrichtung mehr sehen lassen.

Zweiter Versuch in Gauting: Lina kehrt noch einmal auf eigenen Wunsch zurück. Sie hatte fast ein bisschen Heimweh gehabt. In ihrem haltlosen Leben sehnt sie sich insgeheim nach Struktur. Aber als sie dort ist, kommt ihr alles so anders vor. Und vor allem: Lina kennt nur noch wenige der Mädchen dort. Von den »Alten« ist inzwischen kaum noch jemand da. So entschließt sich Lina nach knapp einer Woche zur Flucht. Als sie verschwindet, lässt sie die Gruppenkasse mitgehen.

Auf der Straße: Aus Angst vor der Polizei taucht Lina unter. Sie kehrt dorthin zurück, wo sie sich am besten auskennt – nach Frankfurt. Ihr neues Zuhause ist die B-Ebene der U-Bahn von Haupt- und Konstablerwache – »Konsti«, wie sie beinahe liebevoll sagt. Das geklaute Geld ist schnell verbraucht und ihre Klamotten sind im Heim zurückgeblieben. Was ihr bleibt, ist das, was sie am Leibe

Schließlich lebt Lina auf der Straße. trägt. Ins Sleep-in traut sie sich nicht, weil sie befürchtet, dort gefasst zu werden. In manchen Nächten findet sie Unterschlupf bei Freunden aus der Drogenszene. Unter der Woche klaut sie sich Geld, Essen, Klamotten – alles was sie zum Leben so braucht – zusammen und am Wochenende vergisst sie beim Feiern im Omen die Welt. An Drogen haut sie alles rein, was kommt, egal ob Ecstasy, Pep oder Koks. Aber ihr Gott heißt LSD.

Freitags bin ich oft ins Omen und hab die ganze Nacht getanzt und gefressen. Vor zwölf kam man umsonst rein und ich konnte alles Geld, was ich die Woche über zusammengerafft hatte, für Drogen ausgeben. Es war da eine geile Stimmung! Die Leute haben sich ins Gesicht geguckt und gegrinst und jeder wusste: Den anderen geht's genau wie mir. Wir sind alle gleich. Wir sind alle eine Familie. Und wenn der Klub morgens zumachte, ist keiner allein geblieben. Jeder wurde gefragt: »Hast du schon 'nen Platz für die After-Hour? Weißt du schon, wo du hinwillst?« Am Ende hatten sich alle aufgeteilt und niemand blieb übrig. Wer noch

Geld hatte, ist am Samstag gleich noch mal hin. Manchmal hatte ich Glück und konnte die Woche über bei den Leuten bleiben, die mich am Sonntag zur After-Hour mitgenommen hatten. Wenn nicht, dann bin ich so lange rumgezogen, bis es hell war. Dann hatte ich halt keinen Schlafplatz. Auch nicht so schlimm. Ein bisschen mehr Pep gezogen und du hast sowieso kein Bedürfnis zu pennen.

Aus Linas Tagebuch

Letzte Nacht im Omen wär ich fast durchgedreht. Ich war voll auf Pappen. Mir ging's supergut, aber ich hätte keine großartigen Sachen mehr planen können. Das war einfach nicht mehr drin. Der Türsteher hatte mir die übliche Nullerkarte in die Hand gedrückt. (Das ist eine Karte mit lauter Feldern. Holst du dir ein Getränk, werden jeweils so viele davon gelocht, wie es kostet. Beim Rausgehen wird abgerechnet. Verlierst du das Teil, musst du den Wert der ganzen Karte zahlen: 180 Mark!) Irgendwann wollte ich kurz mal raus. Hab auch an der Kasse meine Karte abgegeben – so weit war alles ok. Aber bevor ich am Türsteher vorbei war, um mir den Stempel zum Wiederreinkommen zu holen, hab ich einen Freund getroffen und bin mit ihm noch mal zurück. Auf einmal hab ich gemerkt: Mann! Ich hab ja keine Karte mehr! Shit, ich stand da – ich wusste nicht mehr, was ich machen sollte, so verzweifelt war ich. Ich bin zu dem Typ an der Kasse und hab versucht, es ihm zu erklären – dass ich rauswollte und dann doch nicht mehr rauswollte – dass ich

das einfach verpeilt hatte. Er hat nicht mit sich re-
den lassen, sondern bloß eiskalt gesagt: »Mach
dich ab! Lass mich in Ruhe!« Ich konnte nur noch
flennen.

Was war ich fertig! In meinem Körper hat's rich-
tig gebitzelt, so verloren hab ich mich gefühlt. Ich
hatte keinen Pfennig Geld! Aber auf einmal kam
so'n Typ daher, packte mich an der Hand und
nahm mich mit raus. Ich weiß selber nicht, wie
das funktionieren konnte. Ob der für mich be-
zahlt hat? Ich muss aufpassen, dass mir so was
nicht noch mal passiert.

Es war irgendwann spät in der Nacht. Ich saß gegenüber vom Omen auf der Treppe vor dem Bankhoch-
haus, hatte einfach frische Luft gebraucht. »Verpiss
dich. Ich kauf nichts!«, zischte ich den Asi [Asozialen]
an, der mir was verchecken wollte. Von so 'nem Typ
hätte ich eh nie was gekauft. War doch alles Dreck, was
die hatten. Sollten sie ihr Rattengift doch selber fressen. Scheißkerl! Ich rieb mir mit den Händen über die
Augen. Die brannten mal wieder. Vielleicht sollte ich
doch mal schlafen. Was quietschte denn da so? Ich
guckte hoch und sah ein Auto um die Ecke kommen.
Die haben es aber eilig, dachte ich. Mindestens siebzig

»Auf einmal hatten die drauf. Auf einmal verlor der Typ am Steuer
verlor der die Kontrolle über den Wagen und raste mit voller
Typ die Kon- Wucht seitlich gegen die Leitplanke. Peng! Aber er
trolle über blieb nicht etwa stehen, sondern zog voll durch,
den Wagen schrappte noch ein Stück an dem Metall entlang und
...« eierte dann weiter bis vor an die Straße. Da wusste ich:
Die waren druff, die Leute! Die hatten gar nicht gerafft,

was passiert war!!! Erst als es auf einmal einen lauten Knall tat und die Räder blockierten, blieben sie stehen. Es dauerte 'ne ganze Weile, bis die Fahrertür aufging. Langsam, ganz langsam stieg so ein großer, dürrer Typ aus. Dann kletterten nach und nach auch die anderen aus dem Wrack. Erst der Beifahrer und dann die von hinten – insgesamt fünf Mann. Sie standen da und staunten, konnten überhaupt nicht begreifen, was da passiert war. »Wie krass!«, wunderte sich der eine. »Was geht denn hier ab?!« Die anderen zuckten die Achseln. »Keine Ahnung!« Dass sie schon vorher gegen die Leitplanke gefahren waren, hatten sie überhaupt nicht mitbekommen.

Die glaubten ganz offensichtlich, dass das Auto einfach so auseinander gefallen wäre. Die hatten ganz schön viel gefressen! Wenn sie die Karre nicht zu Schrott gefahren hätten, wären sie wahrscheinlich in dem Zustand noch bis nach Hause.

treibsand

Wird jemand von Drogen abhängig, ist das fast so, als würde er in Treibsand geraten. Er betritt ein Stück Land, das oberflächlich betrachtet völlig ungefährlich aussieht. Doch dann fängt er an einzusinken. Langsam, ganz langsam. Er merkt es nicht, hat nur das Gefühl, dass der Untergrund so schön weich ist – so weich und warm, dass er sich auf einmal ganz geborgen fühlt. Er ist wie in Trance, bleibt einfach stehen. Bald reicht ihm der Sand bis zu den Knöcheln. Der schöne, weiche Sand. Und er rutscht tiefer und tiefer ...
Wenn dein Freund im Treibsand steckt, dann renn nicht blindlings hinterher, um ihn zu retten. Es könnte dich sonst selbst in die Tiefe ziehen. Bleib auf sicherem Boden, auch wenn es dir vor Trauer das Herz zerreißt. Hole Hilfe. Such

dir jemanden, der sich mit solchen Situationen auskennt. Das ist – wenn überhaupt – die einzige Chance, ihn da rauszuholen. Und das auch nur, wenn er aus seiner Trance erwacht, wenn er merkt, wohin er geraten ist – *wenn er sich retten lassen will.*

Ihr könnt ihm zwar Brücken bauen, aber drüber gehen muss er selbst.

Wer im Treibsand steckt, kommt allein nicht wieder raus. Je verzweifelter er sich bemüht, sich freizukämpfen, desto schneller sinkt er unter. Bei Drogen ist das anders. Wer wirklich rauskommen will, *kann* aussteigen. Immer wieder geschieht es, dass ein Abhängiger urplötzlich zu sich kommt und sich aus eigener Kraft befreit.

eine phase im leben?

Bei den meisten Leuten in der Szene ist die Partyzeit nach drei bis fünf Jahren wieder vorbei. Zu feiern und Drogen zu nehmen ist eine Phase in ihrem Leben. Wenn sie es ausgiebig genossen haben, treten wieder andere Interessen in den Vordergrund. Mit dem Konsum von Designerdrogen ist es wie mit den meisten anderen Dingen: Irgendwann verliert fast alles seinen Reiz. Nur kann im Zusammenhang mit Drogen diese Phase für manche das ganze Leben zerstören.

Es war schon spät – vielleicht zehn Uhr abends – , als das Telefon klingelte. Ich zögerte einen Moment. Sollte ich überhaupt noch drangehen? Dann griff ich doch zum Hörer. »Hallo, hier ist Lina«, kam es vom anderen Ende der Leitung. Mir blieb fast das Herz stehen, als ich ihre Stimme hörte. Sie hatte sich wochenlang nicht gemeldet. Es war deutlich zu merken, dass sie was genommen hatte. »Ich bin in Frankfurt«, meinte sie. »Ich hab solchen Hunger.

Kannst du mir was zu essen bringen?« Ich wusste, dass ich ihr nicht helfen durfte. Es leuchtete mir ein, was die Psychologen sagten: Wer Drogen nimmt, muss erst richtig auf die Schnauze fallen, um zu kapieren, dass er ein Problem hat. »Nein Lina, kann ich nicht! Geh ins Sleep-in, da geben sie dir was und da kriegst du einen Schlafplatz.« Das Herz klopfte mir bis zum Hals, als ich das sagte. Sie hängte wortlos ein. O Gott, was hatte ich bloß getan? Ich hätte mich ohrfeigen können! Ich wusste nicht, wo ich sie erreichen konnte. Vor lauter Schuldgefühlen tat ich die ganze Nacht kein Auge zu! Am liebsten wäre ich losgezogen und hätte ganz Frankfurt nach ihr abgeklappert.

»Mit der eigenen Hilflosigkeit zurechtzukommen ist wahnsinnig schwer.«

Gördy

Es klingelte an der Tür und als ich aufmachte, stand plötzlich Lina vor mir. Mit jedem hätte ich gerechnet, nur nicht mit ihr. Sie war schon seit Wochen auf der Straße ... Ich freute mich, war aber völlig perplex. Die war doch nicht gekommen, bloß um mich zu sehen! Irgendwas wollte sie von mir. Geld? Wahrscheinlich! Na, mal sehen. Wir gingen nach oben in die Küche. Als Erstes machte sie den Kühlschrank auf und sah nach, was es zu essen gab. Sie hatte tierischen Hunger. Während sie aß, versuchte ich, sie auszufragen – was sie so macht, was sie vorhat. Sie antwortete ausweichend, flog Kurven, redete nur belangloses Zeug. Nichts Konkretes. Die ganze Zeit über hatte ich ein ungutes Gefühl. Irgendetwas stimmte nicht. Eine halbe Stunde blieb sie, ohne dass ich herausfinden konnte, *was sie eigentlich wollte. Bevor sie ging, gab ich ihr noch zwanzig Mark. Dann verschwand sie wieder. Ich konnte sie nicht zurückhalten. Erst später merkte ich, was abgelaufen war: Lina hatte die Haustür einen Spalt breit offen stehen gelassen und während ich mich im ersten Stock mit ihr unterhielt, waren ihre Freunde ins Erdgeschoss eingedrungen und hatten allerhand Sachen mitgehen lassen, darunter auch ein nagelneues Notebook. Ich war so wütend!*

Eine Familie ist wie ein Mobile. Solange alles seinen gewohnten Gang geht, ist es (zumindest scheinbar) in der Balance. Sackt aber ein Teil plötzlich ab, gerät schlagartig das ganze System durcheinander. Meist dauert es eine Weile, bis man sich eingesteht, dass das eigene Kind, die eigene Schwester, der eigene Bruder »auf die schiefe Bahn« geraten ist. Und dann kommt immer wieder die eine Frage: WARUM?

Warum musste das geschehen?
Warum ausgerechnet er/sie?
Warum in unserer Familie?
Was haben wir falsch gemacht?

jeder entscheidet selbst

Es geht nicht darum, wer Schuld hat. Drogen sind wie ein Virus – den einen springen sie an, der andere ist dagegen immun. Klar, nicht jeder Jugendliche findet in seiner Familie den Rückhalt, der wünschenswert wäre, und wer aus einem schwierigen sozialen Umfeld kommt, ist sicher mehr gefährdet. Warum aber bei Leuten, die unter denselben Verhältnissen aufgewachsen sind – zum Beispiel bei Geschwistern –, der eine Drogen nimmt und der andere nicht, die Frage kann bislang kein Wissenschaftler beantworten. Die Jugendlichen und jungen Erwachsenen, die zu Drogen greifen, kommen aus allen Schichten. Es trifft Arme und Reiche, Einserschüler und Schulversager, Leute aus »intakten« Familien und aus »gestörten« Verhältnissen. Es liegt wohl am Menschen selbst, ob er den Weg der Drogen für sich wählt. Und genau darum ist es so schwer, ihn davon abzubringen. Dass dies so ist, mag tragisch sein, aber mit Schuld hat es nichts zu tun.

die große sehnsucht

Welcher Mensch gibt sich schon gern mit dem Alltäglichen zufrieden? Oder brauchst *du* etwa nicht ab und zu einen Kick, der dich aus der Eintönigkeit und Langeweile herausreißt? Die einen erleben ihn beim Sport, bei der Musik oder bei Mutproben im Freundeskreis. Andere, die es sich leisten können, schwören vielleicht auf extreme Events wie Bungeejumpen oder Paragliding. Wieder andere sind weniger auf Abenteuer fixiert. Sie lassen sich von Playstation, Fernsehen oder Kino in ein anderes Reich entführen – ein Reich der bunten Bilder. Und noch mal andere nehmen Drogen. Bei ihnen scheint die Sehnsucht nach solchen Bilderwelten jenseits des Alltags stärker zu sein als bei anderen. Für Halluzinationen und Traumausflüge sind sie bereit, ihre Gesundheit und ihre Perspektiven in der Gesellschaft aufzugeben.
Aber wer sagt denn, dass nicht auch der Alltag Herausforderung und Kick genug sein kann? Lass dir weder von Eltern, Lehrern und anderen Erwachsenen noch von Gleichaltrigen die Verantwortung für dein Leben aus der Hand

nehmen. Andere glauben zu wissen, was gut für dich ist.
Aber nur du selbst kannst es wirklich wissen! Sorge für
dich. Kümmere dich um deine eigenen Angelegenheiten.
Verdiene dir das Geld, das du zur Erfüllung deiner Wünsche brauchst. Es macht ungeheuer stolz und selbstsi-
cher, unabhängig zu sein und auf eigenen Beinen zu stehen.

recht auf ein eigenes leben

Wenn Eltern, Geschwister, Freunde, Lehrer zuschauen,
wie sich ein Jugendlicher mit Drogen die von ihnen voraus-
geplante Zukunft ruiniert, spüren sie oftmals den Impuls,
ihn retten zu wollen. Der »Druffie« weigert sich, Verantwortung für sein Leben zu übernehmen. Die, die ihn gern
haben, springen für ihn ein. Am liebsten würden sie ihn in

**Manchmal
ist die beste
Hilfe, nicht
zu helfen.**

Watte packen und ihm alles abnehmen, was da an Konse-
quenzen auf ihn zukommt. Aber gerade das braucht er am
wenigsten. Er packt sich mit Drogen schon selbst dick genug in Watte. Was ihm fehlt, ist der Kontakt zur Wirklichkeit. Nur der lässt ihn aufwachen. Nur wenn es ganz dick
von allen Seiten kommt, spürt er die Realität knallhart und
begreift, dass das mit den Drogen eben doch nicht nur geil
ist. Erst wenn der Leidensdruck groß genug ist, erscheint
der Ausstieg verlockend. Wer feiert, will sein eigenes Leben leben. Darauf hat er ein Recht, selbst wenn er dadurch
in der Gosse landet. Kommt er hart genug auf, ist das womöglich seine Rettung.

Das müsst ihr wissen

- Es ist der Konsument, der Scheiß baut, nicht du. Wenn es ihm selbst nicht peinlich zu sein scheint, warum solltest du dich dann schämen und seine Fehler ausbügeln oder vertuschen? Warum soll er nicht selbst für sein Tun geradestehen?

- Wer abhängig ist, kommt immer irgendwie an seine Droge. Wenn du sie ihm versteckst oder ihn zu kontrollieren versuchst, bringst du ihn nur dazu, dich anzulügen und zu hintergehen. Ihm seine Abhängigkeit zu lassen bedeutet allerdings keinesfalls, dass du sie auch finanzieren solltest!

- Dass er sich kaputt macht, checkt der User selbst. Außerdem hat er es bestimmt schon tausendfach zu hören bekommen. Er nimmt es in Kauf, weil die Gier nach dem nächsten Trip seinen Verstand übersteuert. Mit Worten kannst du ihn nicht erreichen. Es ist gut, dass du helfen willst. Aber diskutiere nicht ewig mit ihm herum. Lass ihn in Ruhe. Es ist sein Leben.

- Kein Mensch gibt gern zu, dass er sich seine Misere selbst zuzuschreiben hat, da machen Drogenleute keine Ausnahme. Es ist viel leichter, anderen die Schuld zuzuschieben. Aber du bist nicht schuld an seiner Situation! Wenn dir ein User mit den ewig gleichen Vorwürfen kommt, dann schalte auf Durchzug. Regele du dein Leben, und lass ihn seines regeln.

- Wer Drogen missbraucht, weiß, dass er sich damit sein Leben ruiniert. Dass er in Schwierigkeiten gerät, ist die logische Folge seines Tuns. Du musst nicht mitleiden, weil er diesen Weg wählt. Du darfst dein Leben genießen. Du darfst Spaß haben, lachen und glücklich sein, auch wenn es ihm schlecht geht.

- Wenn ein User aggressiv wird: Geh sofort weg!

- Du darfst mit Außenstehenden über das Drogenproblem in deiner Familie oder in deinem Freundeskreis reden. Lass dir nicht den Mund verbieten, weil es den anderen peinlich ist, wenn jemand davon erfährt. Oft ist es besser, sich an unabhängige Leute (Beratungsstelle oder Selbsthilfegruppe, Adressen unter *Kontakte* ab Seite 118) zu wenden. Sie haben den größeren Überblick, weil sie auf mehr Erfahrung auf dem Gebiet zurückgreifen können. Verwandte oder Freunde der Familie haben außerdem oft Bedenken, in die Sache hineingezogen zu werden, oder sie wollen sich einfach nicht einmischen.

→ **Du kannst jemanden, der auf Drogen ist, nicht festhalten. Lass ihn oder sie los. Aber nicht fallen.**

hängen geblieben

hängen geblieben

In der Not – wenn keine Pappen da waren – habe ich auch gern mal auf Pillen gefeiert. Aber eigentlich stand bei mir LSD an erster Stelle. Bei Pillen frisst man einfach zu viel. Ich kenn Typen, die an einem ganz normalen Abend so um die acht Pillen flacken. Ich selbst konnte nicht mehr als fünf runterbringen. Allein bei der Vorstellung, dass ich die alle runterschlucken sollte, hat sich mir im Bauch alles gedreht. Manche Leute fressen sich einen richtigen Ekel an. Die nehmen irgendwann mal zu viel – so zehn, fünfzehn Stück am Abend. Die werfen die ein wie Smarties. Und dann kommt ein Punkt, da können sie die Dinger einfach nicht mehr sehen. Schon bei dem Gedanken, sie in den Mund zu nehmen, kommt ihnen das große Kotzen. Aber man frisst eben nicht nur eine Pille. Erst nimmst du eine, dann fühlst du dich gut, dann nimmst du noch eine und noch eine ...

der »typische« drogencocktail

Wirklich typisch ist nichts in der Feierszene. Jeder hat seine eigenen Vorlieben und Gewohnheiten und dementsprechend unterschiedlich ist das Konsumverhalten. Und natürlich gibt es auch viele Leute, die ganz »ohne« feiern. Lina hat in ihrem Umfeld etwa folgendes Muster erlebt:

● Was zum Rauchen sowieso
● Dann erst mal 'n paar Näschen Pep oder Koks
● Mal mehr, mal weniger viele Pillen (bei Mädchen sind fünf bis sechs, bei Jungs bis zu zehn Stück an der Tagesordnung, aber die Dosierung ist mal so, mal so – man achtet nicht wirklich drauf und nimmt, was kommt)

- Dazu vielleicht auch noch 'ne Pappe (manche fressen weniger Pillen und mehr Pappen – zwei, drei oder auch mehr)
- Und bei der After-Hour gibt's noch mal was zum Kiffen

die masse bringt's nicht

Auch wenn es manche User anders halten: Viele Pillen zu fressen bringt nichts (außer höheren Kosten). Ecstasy bewirkt im Gehirn die Freisetzung eines Botenstoffs, der Glücksgefühle vermittelt und damit den Rauschzustand auslöst. Von diesem Botenstoff – dem so genannten Serotonin – ist nur ein bestimmter Vorrat vorhanden. Nach ein bis zwei Pillen ist er erschöpft. Dann ist der Speicher leer. Egal, wie viel man in der Nacht noch einwirft – es passiert nichts mehr.

Als mich Daniel fragte, ob ich mit nach Maastricht käme, um was zu besorgen, war ich sofort Feuer und Flamme. Endlich wieder mal 'ne Chance, rauszukommen und auf Achse zu gehen. Und noch dazu nach Holland! Meine Punkerfreundin Judith und ihre Schwester Melanie sagten auch sofort zu. Damit waren wir zu viert. Das war 'ne total spontane Sache – genau nach meinem Geschmack! Was machte es schon, dass ich null Mark in der Tasche hatte. Wir waren ja sowieso mit dem Auto unterwegs und alles andere würde sich schon irgendwie ergeben. Noch am selben Tag ging es los. Die ganze Fahrt über war voll die lockere Stimmung. Daniel hatte eine *Badesalz*-Kassette dabei und wir haben uns kaputt gelacht. Mir fiel ein, dass ich noch ein gutes Stück Piece dabei hatte. Als wir auf einem Rastplatz Halt machten, ging ich aufs Klo und baute heimlich einen Joint, um die anderen zu überraschen.

Genüsslich pafften wir zusammen die Tüte. Dann auf einmal sah ich ein Schild: Noch 2000 Meter bis zur Grenze stand darauf. Klasse, dachte ich zuerst. Doch auf einmal erschrak ich. Ich wurde ja von der Polizei gesucht! Meine Eltern hatten mich vermisst gemeldet und damit stand ich auf der Fahndungsliste. Shit! Hoffentlich kontrollierte mich niemand. Doch schon bald erwies sich die Aufregung als unbegründet. Es gab gar keine Grenzstation. Wenn da nicht ein Parkplatz mit Wechselstube gewesen wäre, hätte man gar nicht gemerkt, dass hier ein anderes Land anfängt. Erleichtert atmete ich auf. Schwein gehabt! Sie kriegen mich nicht! Ich fühlte mich unbesiegbar.

Lina steht mittlerweile auf der Fahndungsliste der Polizei.

Der Rest der Fahrt verging wie im Flug und schon bald hatten wir Maastricht erreicht. Wie wir so durch die Straßen kurvten, fing Judith plötzlich an zu schreien: »Waaa! Da is'n Pilzshop!« Ein Pilzshop?! Klar, gehört hatten wir davon. Aber dass es so was in Wirklichkeit gibt! Das ist schon was, dass man in Holland Pilze in einem ganz normalen Geschäft kriegt. Wir mussten einfach da rein! Voll der geile Laden war das, uralt wie aus dem Märchenbuch und irgendwie verstaubt. Ich brauchte eine Weile, bis sich meine Augen an das schummrige Licht gewöhnt hatten. Staunend sah ich mich um. In den Regalen und Schaukästen stapelten sich alle möglichen Pfeifen und kartonweise pflanzliche Sachen – natürliches Ecstasy, Psilos in allen Formen und Größen und haufenweise getrocknete Kräuter, die ich noch nie gesehen hatte. Eine urige Frau – so 'ne kleine hippiemäßige mit Dreadlocks und Batikklamotten – kam hinter der Theke vor und fragte uns, was wir denn bräuchten. Sie war total freundlich und wollte uns beraten, aber es hat uns eher gestresst, dauernd vollgelabert zu werden. Außerdem: Wenn sie gesagt hätte, ein Gramm reicht, hätten wir ihr das sowieso

»Die Verkäuferin im Pilzshop wollte uns ehrlich beraten.«

nicht geglaubt und trotzdem mehr genommen. Wir sind eben in Deutschland aufgewachsen. In Holland sagen sie dir ehrlich was zu Drogen. Hier in Deutschland heißt es immer: »Nimm dies nicht, nimm das nicht, das ist zu gefährlich! Davon gehst du drauf!« Aber wir haben es ja schon mal genommen und leben immer noch. Darum sind solche Ratschläge für uns total unglaubwürdig.

Nachdem wir eine Weile rumgekramt und uns unsere Pilze ausgesucht hatten, sind wir gleich raus und haben sie gefressen. Was haben wir uns krank gelacht, dass wir mitten auf der Straße Pilze schnabulieren konnten – ohne Angst vor den Bullen! Wir sind zu den Omas hin, die da vorbeikamen, und zogen so 'ne richtige Show ab. Machten uns mit verdrehten Augen ganz dicht an sie ran, hielten ihnen die Pilze dicht unter die Nase, schoben sie uns in den Mund und kauten genüsslich darauf rum. Jede von uns Mädchen hat drei Gramm gefressen. Ein ganzes Päckchen! Wir wussten einfach nicht, dass das zu viel war! Melanie hatte noch nie Drogen genommen. Keine Chemie, gar nichts. Die hatte noch nicht mal 'nen Joint geraucht. Und dann gleich drei Gramm Pilze!

Eine Zeit lang liefen wir planlos durch die Gegend, dann wollten wir zum Auto zurück. Nur: Keiner von uns konnte sich erinnern, wo wir es geparkt hatten. Zu viert mit verpilztem Kopf was suchen, das kann man vergessen! Daniel meinte: »Es stand neben so 'ner Kirche.« Kaum zu glauben, wie viele Kirchen es in Maastricht gibt! Wir versuchten, uns an den Türmen zu orientieren. Immer wieder kletterten wir auf Mauern und Vorsprünge, auf Geländer und Mülltonnen, um den Weg besser überblicken zu können. Mal rannten wir eine Straße rauf, dann wieder runter, alles sah irgendwie gleich aus. Der Weg kam uns bekannt und doch nicht bekannt vor. Ein Gefühl wie im Irrgarten! Der Typ hatte Gott sei Dank nicht ganz so viel genommen wie wir. »Mit euch Tussen werd' ich noch verrückt!«, fluchte er schließlich. »Ich setz euch jetzt hier ab und mach mich allein auf die Suche. Wenn ich das Auto gefunden hab, hol ich euch ab.« Und so hockten wir uns auf eine Bank und warteten. Kein Problem! Ich fand das Ganze ungeheuer lustig. Bis ich auf einmal sah, dass Melanie Schaum vor dem Mund hatte. Die hat Tollwut, war mein erster Gedanke. Ihr Gesicht war knallrot und wirkte so komisch aufgeplustert. Überall hatte sie Pickel. Sie war völlig verstört, riss den Mund weit auf und atmete heftig. Schweißperlen standen ihr auf der Stirn. Es war kein Ton aus ihr rauszubringen. Mann, die war voll vergiftet!

Melanie hat sich mit den Pilzen schwer vergiftet.

Als ich sah, wie schlecht es Melanie ging, wurde mir schlagartig klar, wie bescheuert wir waren! Die Pilze zu nehmen, die ganze Reise, kein Pfennig Geld in der Tasche – so was Saudummes! Aber irgendwie konnte ich nur darüber lachen. Ich hab mich so krank gelacht über unsere eigene Blödheit. Der Bauch hat mir wehgetan, so hab ich gelacht. Dann fing Melanie an zu kotzen. Schwallweise kam es ihr hoch, immer und immer wieder. Sie würgte noch, als es längst nichts mehr hochzuwürgen gab. Judith hielt sie fest, redete ruhig auf sie ein. Es war ihre Schwester und sie machte sich tierische Sorgen. Schließlich hatte sie sie da reingezogen.

Ich saß nur neben dran. Ich konnte nichts für die beiden tun, mich hatte immer noch das Lachen im Griff. Als Daniel endlich kam, um uns abzuholen, wälzte ich mich auf dem Boden und hielt mir den Bauch, so schüttelte es mich. Ich konnte nicht mehr, solchen Muskelkater hatte ich. War fertig, einfach nur fertig. Aber genug war es wohl immer noch nicht, denn kaum stand ich wieder auf den Beinen, musste ich unbedingt noch 'ne Pille

fressen. Wenn die reinhaut, dachte ich, dann geht's dir gleich besser.
Wie es mit Melanie weiterging, daran kann ich mich nicht mal mehr erinnern.

russisches roulette

Seit sich unter Jugendlichen herumgesprochen hat, dass manche Pilze und Pflanzen, die auch hierzulande gedeihen, psychoaktive Wirkungen haben, häufen sich die Vergiftungsfälle. Klar, was auf der grünen Wiese oder im Blumenkübel wächst, kostet kein Geld. Dafür kann es dich das Leben kosten. Je nachdem, wo sie wachsen, enthalten die Pilze oder Pflanzen nicht nur unterschiedliche Wirkstoffmengen, sondern auch mehr oder weniger viel Gift. Außerdem gibt es tödliche Doppelgänger. Wenn du solche Blätter oder Pilze kaust, musst du dir im Klaren darüber sein, dass du russisches Roulette spielst.

Die Geschichte von Hüseyin
Hüseyin ist von Anfang an einer von den ganz Sensiblen gewesen. Mit Gleichaltrigen hatte er wenig zu tun und am liebsten war er mit Mädchen zusammen. Mit denen konnte er über alles reden. Seine Freunde meinen, er wäre ein richtiger Knuffel gewesen. In der Schule kam er nicht klar, obwohl er wirklich intelligent war. Er hatte eben keinen Bock.
Drogen hatte er schon seit Längerem genommen – Kiffen, Pep, Pillen, besonders gern LSD. Eines Tages warf ihm irgendjemand eine Pappe

ins Glas. Er wusste nichts davon und so rechnete er nicht damit, plötzlich auf einen merkwürdigen Film zu kommen: Er sah, wie seine Freundin vor seinen Augen vergewaltigt wurde. Und er konnte nichts tun, um ihr zu helfen. Erst saß er wie angewurzelt da. Dann heulte er, stürzte raus auf die Straße, rannte zurück, wollte alle verprügeln.

Nur mit Mühe konnten die anderen ihn zurückhalten. Sie hatten nie damit gerechnet, dass er so reagieren würde. Das mit der Pappe war doch nur ein Spaß gewesen! Und überhaupt: Was meinte er mit Vergewaltigung? Sie hatten doch nur vor dem Fernseher gesessen und sich Videos angesehen. Auch Hüseyins Freundin hatte die ganze Zeit über friedlich dagehockt. Vielleicht hat sich mal jemand über sie drüber gelehnt, um ein neues Video einzulegen. In Hüseyins Kopf aber ist daraus eine Vergewaltigungsszene geworden – ein Albtraum, den er für real hielt. Er kam einfach nicht mehr runter von dem Film.

Von da an wurde es immer schlimmer mit ihm. Er fühlte sich dauernd verfolgt und meinte, die Polizei sei hinter ihm her. Wie ein Gehetzter rannte er durch die Gegend. »Seht ihr die Mikros?«, fragte er seine Freunde, wenn er mit ihnen unterwegs war. »Die hat die Polizei aufgebaut! Die wussten, dass ich hier langkomme.« Am Telefon redete er nur noch in einem Kauderwelsch aus unverständlichen Geheimwörtern. Seine Sprache war ebenso wirr wie er selbst. Hüseyin war auf LSD hängen geblieben. Ganz normal ist er bis heute nicht geworden.

Die Geschichte von Lupo

Der Lupo war so einer, für den alle Mädchen schwärmten. Er sah supergut aus und hat früher wie 'n echter Profi gebreakt. Voll der Frauenheld war das. Bis er in einer Nacht alles auf einmal genommen hat – Koks, Pappen, H, alles ... Manche halten das aus, aber für ihn war es zu viel. Er ist komplett durchgeknallt. Den Lupo von früher, den gibt es nicht mehr. Der Lupo von heute sieht völlig anders aus. Er bewegt sich so merkwürdig und hat so einen komischen Blick. Fast könnte man meinen, er wäre geistig behindert. Er selbst weiß nicht, was mit ihm passiert ist. Er geht immer noch ins Jugendzentrum zum Breaken, genau wie früher. Aber heute sieht er dabei aus wie ein Kind, das durch die Gegend springt. Und die anderen stehen am Rand und schauen fassungslos zu.

Es war an dem Morgen, an dem das Omen endgültig zugemacht hatte, und wir waren mit noch drei Freunden zum Chill-out bei Jule. Sie erzählte uns, dass sie an schwarze Sternchen rankommen konnte, das ist eine Art von Micros, und die wollte ich schon längst mal ausprobieren. Ich hatte schon viel davon gehört – auch, dass man davon nur eine sandkörnchengroße Menge nehmen musste, um stundenlang druff geschickt zu sein. Wir besorgten also die Teile und kamen auf dem schnellsten Weg zurück. Für uns fünf hatten wir acht Stück besorgt und jeder hat erst mal eins gefressen. Dann wurde ich übermütig und schmiss gleich noch eins heimlich, ohne dass die anderen es merkten. Als

Jule mich kurz danach fragte, ob ich noch eins mit ihr teilen würde, konnte ich wohl kaum Nein sagen. Es hat unheimlich schnell richtig gestromt und ab dem Moment hatte ich absolut kein Zeitgefühl mehr. Es war, als ob es so was wie Zeit überhaupt nicht mehr gäbe. Ich war so gebrettert von den Dingern, dass ich nichts mehr von dem mitbekam, was um mich herum abging. Ich war einfach da, sonst nichts. Daher weiß ich auch nicht genau, wie lange das Ganze dauerte. Ich weiß nur noch, dass wir unendlich viel laberten und die Wände in Jules Wohnung mit lauter Bildern bemalten. Irgendwann gingen uns die Zigaretten und das Trinken aus und wir mussten was einkaufen gehen. Also beschlossen Jule und ich, einen kleinen Spaziergang zu machen. Ich hatte Optics und sah alles verschnörkelt und in leuchtenden Farben. Ich kam mir vor wie Alice im Wunderland, hatte das Gefühl auf einem anderen Planeten zu sein. Ja, stimmt, wie wir draußen entlangschlenderten in der milden Luft hatte ich ein richtiges Urlaubsgefühl. Unterwegs fing Jule auf einmal an so merkwürdig zu reden. »Ich bin nicht von dieser Welt«, eröffnete sie mir mit todernster Miene. »Ich bin anders als alle anderen. Allein meine Kopfform sieht doch schon wie bei einem Alien aus, oder?« Ich guckte sie an und konnte mich gar nicht in ihren Film reinversetzen. »Ja, ja«, sagte ich, ohne weiter darauf eingehen zu wollen. Gott sei Dank waren wir inzwischen beim Kiosk angekommen und damit war das Thema erst mal gegessen. Auf dem Tresen lag eine Bildzeitung und zufällig fiel mein Blick auf das Datum. Ich stutzte. Das konnte doch gar nicht sein! War es etwa wirklich schon Mittwoch? Und wo war der Dienstag geblieben? Und wo der Montag?

Ich nahm es zur Kenntnis, war noch nicht mal fähig, mich zu wundern. Es war einfach so.

»So als hätte man auf die Pausetaste gedrückt und das ganze Leben angehalten.«

Mittwoch. Gut. Dann eben Mittwoch.

Nachdem wir unsere Einkäufe erledigt hatten, gingen wir in die Wohnung zurück. Jule war merkwürdig drauf, so still, so in sich gekehrt, so nachdenklich. Auf einmal verschwand sie. Ich hatte Lust, mich runterzu-rauchen, langsam wieder zurückzukommen, kramte in meiner Tasche nach Piece, suchte überall nach Krü-meln, sogar auf dem Boden ... Das Gelaber, die Gesich-ter, alles ging mir auf den Geist. Ich hatte auf einmal die Schnauze voll, wollte nur noch allein sein. Der Ur-laub war vorbei, die Heimreise hatte begonnen. Sie dauerte ziemlich lang und kostete fünf Gramm Piece.

Eine Woche hörte ich nichts von Jule. Dann erfuhr ich, dass sie in die Psychiatrie eingewiesen wurde. Sie glaubte noch immer, ein Alien zu sein. Sie war nicht von diesem Planeten, so viel stand für sie fest.

auf pillen bleibst du nicht hängen, aber ...

Jule, Lupo, Hüseyin – so wie die drei drehen viele ab und kommen nie zurück. Anders als bei Pappen oder Micros ist von Ecstasy bisher noch so gut wie jeder wieder runterge-kommen. Darum gelten Pillen unter Usern als harmlos. Ganz so ohne sind sie trotzdem nicht. Bei unkontrolliertem Gebrauch über längere Zeit verändern sie den Menschen, nur geht das meist so schleichend vor sich, dass man da-von zuerst nichts merkt. Erst im Rückblick stellst du fest, dass das Gehirn nach dem Dauergebrauch nicht mehr so funktioniert wie früher – ein Prozess, der sich nicht wieder zurückdrehen lässt. Gedankenaussetzer und Erinnerungs-lücken, Wortdreher, Schwierigkeiten mit dem Auseinan-derhalten von links und rechts, nervöse Ticks ... Wer dau-ernd schluckt, kann viel verlieren.

die bessere droge gibt es nicht

Wenn man »Chemiker« auf ihren Drogenkonsum anspricht, kommen sie oft mit einem Totschlagargument daher: »Alkohol (oder Nikotin) ist schlimmer.« Und die, die gern mal einen trinken oder Kette rauchen, sagen: »Das ist immer noch besser als sich zu bekiffen oder mit Chemie zuzudröhnen.« Aber wie du es auch drehst und wendest – es ist, als würdest du zwei Hundehaufen miteinander vergleichen. Ob legale oder illegale Drogen – beide sind zwar Fakt in unserer Gesellschaft, der Missbrauch aber ist immer Scheiße!

damit musst du rechnen

Feiern macht Spaß – aber nur solange der Film anhält. Wenn die Wirkung der Droge nachlässt und du wieder runterkommst, hast du das Gefühl, die Welt sei nur noch grau und öde. Relativ bald verlierst du die Fähigkeit, dich zu entspannen und gut zu fühlen, wenn du nichts genommen hast. Du verlernst das Genießen. Von »normalen Menschen« fühlst du dich nicht mehr verstanden. Sie haben keine Ahnung von der Welt, die du dir in deinem Kopf erschaffen hast. Nichts macht dir mehr Spaß – nichts, außer dem Feiern.

Bald kannst du dich ohne Drogen nicht mehr gut fühlen.

Vor allem Pep und Koks haben in der Szene den Ruf, die Kreativität zu fördern. Und so lange der Flash anhält, haben User tatsächlich manchmal tolle Ideen für die Zukunft. Nur: Wenn sie runterkommen, haben sie ihre hochtrabenden Pläne entweder vergessen oder sie haben keinen Bock, sie zu verwirklichen. Was übrig bleibt, ist ein Kater und Lust auf den nächsten Kick.

was wirkt wie?

Crack/ Freebase	Schafft sofort stärkste psychische Abhängigkeit. Wer süchtig nach Crack oder Freebase ist, läuft wie ein Hamster im Rad – und das für einen Sekundenflash! Danach fängt der Beschaffungsstress sofort wieder an. **Mögliche Langzeitfolgen bei Missbrauch:** Angstzustände, Verfolgungswahn, Gewaltausbrüche, Lungen- und Gehirnschäden.
Ecstasy	Auf Pillen zu feiern kann beim einen schneller, beim anderen langsamer zur Gewöhnung führen. Im Vergleich zu den schillernden Glückserfahrungen beim Feiern erscheint das Grau des Alltags noch grauer als sonst, sodass am Tag nach der Party oft ein Gefühl der Leere und Sinnlosigkeit entsteht. Bei unkontrolliertem Gebrauch droht nach dem Runterkommen ein »Drogenkater« mit Kopfschmerzen, Depressionen und Schlaflosigkeit. **Mögliche Langzeitfolgen bei Missbrauch:** Sind noch nicht ausreichend erforscht. Ärzte warnen vor Leber- und Herzschäden. Die meisten Untersuchungen deuten darauf hin, dass es zu Konzentrations- und Gedächtnisstörungen, Persönlichkeitsveränderungen und Hirnschäden kommen kann. Aber es steht noch nicht fest, ob diese Folgen tatsächlich auf die eigentlichen Ecstasywirkstoffe zurückzuführen sind oder mit Beimengungen der Pillen zu tun haben. User sollten daher unbedingt die von den Basisorganisationen (siehe *Kontakte* auf Seite 122) herausgegebenen Pillenwarnungen beachten.

Kokain	Gehört zu den Substanzen, die am stärksten psychisch abhängig machen. Mit der Zeit muss die Dosis erhöht werden. Schwere körperliche Beschwerden gibt es beim Entzug nicht, dafür aber tiefe Depressionen mit Selbstmordgefahr und großes Bedürfnis, wieder was zu ziehen. Bewegungsdrang, innere Unruhe. **Mögliche Langzeitfolgen bei Missbrauch:** Schädigung der Nasenschleimhäute, teilweise mit Geschwürbildung, Halluzinationen, Verfolgungswahn, geistige Verwirrung, körperlicher Verfall.
LSD	Macht psychisch abhängig. Wer schon vorher in einer kritischen Stimmung ist oder in einem ungeschützten Rahmen LSD nimmt, läuft besondere Gefahr, auf einen Horrortrip mit unkalkulierbaren Folgen zu kommen. Es kann auch Tage oder Wochen nach dem letzten Konsum einen »Flashback« geben, der den User wieder voll drauf schickt. Unfallgefahr durch Selbstüberschätzung. **Mögliche Langzeitfolgen bei Missbrauch:** Verfolgungswahn, Denkstörungen, Angstzustände, Psychosen – manche Leute kommen durch LSD so schräg drauf, dass mit ihnen für den Rest des Lebens nicht mehr viel anzufangen ist.
Speed/ Pep	Schafft starke psychische Abhängigkeit. Mit der Zeit muss die Dosis erhöht werden. Macht innerlich extrem rastlos und hibbelig. Der Bewegungsdrang bringt die Knie zum Wippen. **Mögliche Langzeitfolgen bei Missbrauch:** Verfolgungswahn, Konzentrations- und Gedächtnisstörungen, Realitätsverlust; außerdem starker Juckreiz unter der Haut, Magenprobleme (bis hin zum Magendurchbruch), Schädigung des Immunsystems.

warum so aggressiv?

Chemische Drogen putschen auf. Das heißt: Wenn du sie nimmst, spürst du keine Müdigkeit mehr und kannst lange Zeit durchmachen. Beim Feiern schlägst du dir auf diese Weise so manche Nacht um die Ohren, ohne dem Körper Ruhe und Schlaf zu gönnen. Irgendwann bist du dann völlig ausgepowert. Die Nerven liegen blank. Auf jede Kleinigkeit reagierst du gereizt. Viel von der Aggressivität, die bei »Chemikern« zu beobachten ist, kommt nicht von den Drogen, sondern hat eher mit dem anstrengenden Lebenswandel und der chronischen Unausgeschlafenheit zu tun. Fazit: Wenn du was nimmst, dann geh wenigstens nach dem Runterkommen sanft mit deinem Körper um. Ruhe und Schlaf, vitaminreiches Essen, frische Luft – du weißt schon, was dir gut tut.

Der Körper kann sich nicht mehr regenerieren.

kiffen macht breit

Ruhe, Ausgeglichenheit, Entspannung – das kann ein Pfeifchen oder ein Joint bringen. Wer gewohnheitsmäßig raucht, wird aber auch immer träger. Nur kein Stress! Bloß keine Hektik! – so lautet die Devise der Dauer-User. Manchmal aber sind ein bisschen Stress und Hektik wichtig: Wenn wir dauernd unsere Gefühle dämpfen, knüppeln wir damit nicht nur echte Glücksempfindungen nieder, sondern wir spüren auch keinen Ärger, keine Wut, keinen Zorn, keine Trauer mehr ... Solche Emotionen mögen zwar unangenehm sein, aber sie sind eine der wichtigsten Triebfedern in unserem Leben. Sie stacheln uns an, uns auf die Hinterfüße zu stellen und notfalls auch mal für die Durchsetzung unserer Interessen zu kämpfen.

Alle Gefühle stumpfen ab.

einstiegsdroge?

Immer wieder hört man, dass Hasch und Marihuana die Einstiegsdrogen für die ganz harten Sachen (Heroin, Kokain, Crack ...) sind. Das ist nicht ganz richtig, denn die meisten Haschischraucher haben mit Bier und Zigaretten angefangen. Die echten Einstiegsdrogen kommen also aus dem legalen Bereich. Außerdem wird nicht jeder Kiffer automatisch zum Junkie. Das Problem liegt woanders: Solange Cannabis verboten ist und nicht – wie beispielsweise in Holland – in Coffieshops abgegeben wird, müssen alle Leute, die sich Piece besorgen wollen, zum Dealer. Und der hat meist nicht nur Hasch und Marihuana, sondern querbeet alles, was es an Drogen gibt. Dass er »Werbung« macht und seinen Kunden ab und zu mal was zum Testen gibt, ist doch klar, schließlich will er Geld verdienen.

wer macht den ersten schnitt?

wer macht den ersten schritt?

Hin- und hergerissen zwischen Wut, Hilflosigkeit und Schuldgefühlen kam mir Linas unkalkulierbares Verhalten mal wie ein persönlicher Angriff auf mich selbst, ein andermal einfach nur dumm vor. Ich konnte nicht begreifen, warum Lina der Sucht verfallen war. Bis es mir auf einmal wie Schuppen von den Augen fiel: Sie hatte es bei mir abgeguckt! Ich war selber süchtig! Nicht von Drogen – ich war

»Kinder schauen sich Suchtverhalten auch bei Erwachsenen ab.«

von Buchstaben abhängig. Den ganzen Tag hockte ich vor dem Bildschirm und tippte an Texten herum. Aus der Zeitung saugte ich noch das letzte Fitzelchen Information heraus. In jeder freien Minute las ich in irgendeinem Roman. Sogar beim Kochen hatte ich noch ein Buch in der Hand. Selbst wenn ich todmüde war und mir der Kopf schwirrte. Pausenlos. Und da wollte ich mir ein Urteil über Lina erlauben?! Es gibt ein indianisches Sprichwort, das lautet: »Bevor du über jemanden ein Urteil fällst, sollst du erst eine Weile in seinen Mokassins wandern.« Und so beschloss ich, meinen Kurs Lina gegenüber zu ändern. Bis dahin hatte ich immer versucht, ihr meine Welt zu zeigen. Jetzt sollte sie mir mal die ihre zeigen.

Ich hatte ungefähr fünf Nächte nicht mehr geschlafen, und es ging mir sauschlecht. Wir hatten Micros gefressen und die Wirkung unterschätzt. Der Film war echt hart gewesen. Ich wollte nur noch eins: runterkommen und pennen. Aber es gab nichts mehr zu rauchen und keiner hatte Geld. Alles kotzte mich an – dass ich kein ordentliches Bett hatte, dass ich nicht duschen konnte, die Leute – einfach alles! Zuerst wusste ich nicht, was ich machen soll. In meinem Hirn herrschte nur Chaos und ich konnte kaum einen klaren Gedanken fassen. Dann aber fiel mir auf einmal meine Mutter ein. Wehmut stieg in mir auf. Es war früher immer so schön gewesen. Zu Hause ... Ich durfte gar nicht daran denken! Bloß nicht heulen! Nicht mal ein Taschentuch hatte ich. Schnell schluckte ich meine Gefühle runter.

Also gut. Ulla ... Wenn wir uns treffen könnten, würde ich wenigstens was zum Essen kriegen. Geld würde sie mir sowieso keins geben – aber vielleicht wären ja doch zwanzig Mark drin. Einen Versuch war es auf jeden Fall wert und so rief ich sie an. Ich fragte sie, ob wir uns nicht irgendwo sehen könnten, möglichst noch am selben Tag. »Also gut«, sagte sie, ohne dass ich sie lang überreden musste. Komisch! Zwei Stunden später saßen wir uns in einem altertümlichen Oma-Café gegenüber. Erst saß sie nur still da und sah mir zu, wie ich das Essen in mich reinschlang. Ich hatte solchen Hunger! Als sie dann zu reden anfing, wär mir fast das Brötchen im Hals stecken geblieben: Sie wollte sich mal meine Welt anschauen, meinte sie. Und darum hätte sie beschlossen, mit ihrem Freund nach Holland zu fahren und auch mal einen Joint zu rauchen. Zuerst dachte ich, ich träume. Ich war ja immer noch ein bisschen druff. So ein Satz konnte doch gar nicht aus ihrem Mund kommen! »Meinst du das ernst? Hab ich dich richtig verstanden?« Sie nickte. Ich saß mit offenem Mund da. Dann fuhr es aus mir heraus: »Dass du das mit deinem Freund machen willst, das finde ich Scheiße! Der hat doch keine Ahnung davon. Wenn du das schon ausprobieren willst, dann will ich selbst dabei sein.«

»Ulla will auch mal einen Joint rauchen?!?«

Und so beschlossen wir, es zusammen zu machen. Es waren noch drei Tage bis zum Wochenende. Dann sollte die Reise losgehen. Eine total spontane Sache ...

Am Tag vor unserer Hollandreise war mit mir nicht viel an-zufangen. Ich war total nervös und hätte das Ganze am liebsten abgeblasen. Aber jetzt gab es kein Zurück mehr. Ich musste es einfach tun. In den vergangenen Jahren hat-te ich mit Engelszungen auf Lina eingeredet und sie ange-brüllt, sie gelockt und bestraft, ihr alle Freiheiten gegeben und sie einsperren lassen, sie umarmt und vor den Kopf gestoßen, ihr alles reingeschoben und sie eiskalt abfahren lassen ... Nur eines hatte ich nicht getan: Ich war nie wirk-lich auf sie zugegangen.

»Ich war nie wirklich auf Lina zuge-gangen.«

amsterdam

Ein kleines, unscheinbares Haus mit der Aufschrift »Cof-fieshop«, zwei ausgetretene Stufen. Lina geht voraus. Ulla zögert einen Moment, dann folgt sie ihr. Drinnen dämmri-ges Licht, Qualm liegt in der Luft. Sie setzen sich an einen der kleinen Bistrotische. Ulla ist nervös. Sie holt tief Luft, schluckt Zigarettenrauch, bemüht sich, nicht die Nase zu rümpfen. Das ist nicht gerade die Art von Café, in das sie sich normalerweise gesetzt hätte. »Und wie kommen wir jetzt an das Zeug ran?«, will sie wissen. »Lass mich nur machen.« Lina geht zum Tresen, wechselt ein paar Worte mit einem Typen, kommt zurück und legt ein Plastikbeutel-chen auf den Tisch – nicht ganz so groß wie eine Streich-holzschachtel. Dann lässt sie sich auf den Stuhl neben Ulla sinken und fängt an, in ihrer Tasche zu kramen: Erst zieht sie ihr Feuerzeug heraus, dann ein Päckchen Zigaretten, ein Briefchen mit Papers und einen zerknitterten Bogen Papier, den sie der Länge nach faltet, glatt streicht und auf dem Tisch ausbreitet ... »Das brauchen wir als Unterlage«, erklärt sie. »So, und jetzt wird gebröselt.« Sie öffnet das Pack. »Das ist Piece, riech mal. Richtig gutes Zeug. Sowas kriegt man in Deutschland kaum.« Ulla schnuppert. Den

Geruch kenn ich doch, denkt sie. Aber woher bloß ... Dann fällt es ihr ein: So hatte es im Haus gerochen, bevor Lina nach Gauting kam! Die hatte also die ganze Zeit gekifft! Von wegen Räucherstäbchen! Irgendwie muss sie selbst über ihre Unbedarftheit grinsen. »Was ist?«, Lina zieht fragend die Augenbrauen hoch, während sie das Piece mit der Flamme erwärmt und zwischen den Fingern zerbröselt. Ulla lacht nur: »Ach nichts ...« Dann reißt Lina den Filter von einer Zigarette ab und nimmt den Tabak heraus. Als sie ihn auf das Paper schichten will, merkt sie, wie ihre Hände zittern. Auf einmal wird ihr bewusst, was für eine Situation das überhaupt ist – in aller Öffentlichkeit einen Joint bauen zu können ist schon was Besonderes. Das gibt es nur in Holland. Aber es auch noch vor den Augen ihrer Mutter zu tun – das geht fast ein Stück zu weit. Sie darf gar nicht darüber nachdenken.

Mit unsicheren Fingern streut sie die Haschbrösel auf den Tabak. Als sie das Paper rollen will, fällt ihr alles aus der Hand. Unwillkürlich entfährt ihr ein Seufzer. Ein zweiter Versuch. Sie vibriert am ganzen Körper, kann das Paper kaum halten. »Ey Mann, normalerweise kann ich das supergut!« – »Ich glaub es dir. Lass dir Zeit.« Zittrige Hände, wer könnte das besser verstehen als Ulla. Wie oft hatten ihre Finger so gebibbert, dass sie beim Schreiben die Tasten nicht mehr trafen – zu viel Arbeit, zu viel Kaffee, zu wenig gegessen. Ihre Blicke kreuzen sich. Sie lächeln. Lina lässt die Hände sinken, atmet tief, zieht ein neues Paper heraus. Diesmal klappt es. Nicht gerade schön, die Tüte. Aber es geht. Sie zündet sie an, nimmt einen Zug, reicht sie weiter. »Du musst das auf Lunge rauchen.« Ulla schluckt. Sie, die überzeugte Nichtraucherin, die bis dahin Nulltoleranz gegenüber Drogen gepredigt hatte ... Und jetzt das hier?! Augen zu und durch, denkt sie. Nimmt den Joint entgegen – so ungeschickt, dass jeder sehen kann, dass es ihr erster ist. Und zieht. Ein beißender Schmerz in

Ulla und Lina treffen sich auf einer gemeinsamen Ebene.

der Brust. Die Lungen wollen den Qualm nicht reinlassen. Sie hustet. Tränen steigen ihr in die Augen. Lacht über sich selbst. Gibt die Tüte zurück. Und sie rauchen abwechselnd, schweigend. Friedenspfeife. Lehnen sich zurück, entspannt. Grinsen sich an. »Merkst du was?« – »Eigentlich nicht.« – »Beim ersten Mal ist das meistens so. Das kommt erst mit der Zeit.« Irgendwann stehen sie auf und gehen. »Pass mit den Stufen auf!«, warnt Lina. Und wirklich, sie kommen Ulla ungemein hoch vor. Sie hat das Gefühl zu schweben. Dankbar nimmt sie Linas Hand.

Kaum waren wir aus dem Coffieshop wieder draußen, verkündete Ulla: »So, wir gehen jetzt essen.« Dabei hatten wir gar keine Essenszeit. Ich musste grinsen. Bisher hat noch jeder vom Kiffen Hunger gekriegt. Wir suchten uns voll das geile Restaurant aus, so ein französisches, total luxuriös und so. Einfach Klasse war das! Ulla, die normalerweise immer so dezent und zurückhaltend ist, rief quer durch den Saal nach dem Kellner und während wir bestellten, schäkerte sie dauernd mit ihm rum. Sie war kaum wiederzuerkennen. Wir aßen alles Mögliche durcheinander und die ganze Zeit über haben wir erzählt und gelacht. Als wir spät nachmittags zurück ins Hotel kamen, legte sich Ulla erst mal ins Bett, so fertig war sie. Ich konnte nur lachen. Nachdem sie eingeschlafen war, bin ich noch mal raus in den Park und setzte mich auf eine Bank. Es ging mir eine Menge durch den Kopf. Dass sie sich überhaupt darauf eingelassen hatte ... Ich konnte es immer noch kaum fassen. Aber jetzt hatte sie selbst gesehen, dass das mit dem Kiffen doch nicht sooooo schlimm war. Ich meine, sie ist nicht gleich gestorben oder so abhängig geworden, dass sie vor lauter Entzugserscheinungen gleich wieder in den nächsten Coffieshop rennen musste.

»Dieser Tag hat etwas in mir verändert.«

Andererseits wusste ich nicht, was wirklich in ihr vorging. Wollte sie sich vielleicht nur bei mir einschleimen?! Also lieber erst mal abwarten. Da waren noch so viele Fragezeichen ... Trotzdem: den heutigen Tag, den konnte uns keiner mehr nehmen. Wir hatten so viel Spaß gehabt wie lange nicht mehr.

Von dem Zeitpunkt an hat sich etwas in mir verändert. Vorher hatte ich mich total aus der Welt meiner Eltern verabschiedet. Sie waren in meinen Gedanken gar nicht mehr vorgekommen. Aber von dem Tag an war es anders. Wenn ich jetzt zum Feiern ging, dann dachte ich dabei immer auch an Ulla. Wir waren jetzt irgendwie verbunden.

Aus Linas Tagebuch
Es ist so, als würden wir Jugendlichen aus der Feierszene und die Erwachsenen in zwei völlig unterschiedlichen Welten leben. Von unserer Seite aus gibt es jede Menge Brücken zu denen rüber. Aber wir sind schon viel zu oft rübergelaufen und waren jedes Mal enttäuscht, denn von denen da drüben will keiner was mit uns zu tun haben. Die stellen nur Bedingungen oder wollen uns ändern, damit wir genauso werden wie die. So wie es ist, werden wir nie zueinander kommen. Es sei denn, einer von den Erwachsenen würde 'ne neue Brücke bauen und zu uns rüberkommen. Das ist die einzige Chance, um wieder eine Verbindung herzustellen. Und als Ulla mit mir in Amsterdam war, hat sie so eine Brücke gebaut.

Nur über Brücken kann man aufeinander zugehen.

mal ehrlich

Wie viel Offenheit und Ehrlichkeit in Sachen Drogen können Erwachsene von einem Jugendlichen erwarten, wenn sie sagen:

- Wer Drogen nimmt, ist ein Versager!
- Wer Drogen nimmt, ist kriminell!
- Wenn ich dich einmal beim Kiffen erwische, schlage ich dich tot!

Nicht nur von illegalen Drogen kann man abhängig werden. Auch legale Substanzen wie Alkohol und Nikotin machen süchtig. Bei manchen Menschen steigern sich auch bestimmte Verhaltensweisen zu einem solchen Zwang, dass sie sie kaum noch lassen können: essen, fasten, arbeiten, putzen, zocken …

Mit der folgenden Checkliste soll nicht der Eindruck vermittelt werden, dass jeder automatisch süchtig ist, nur weil er gern Schokolade isst oder vor dem PC hockt. Die Fragen wollen vielmehr die Wahrnehmung für das eigene Verhalten schulen. Sie sollen anregen, erst bei sich selbst zu gucken, bevor man mit dem Finger auf andere zeigt. **Suchtverhalten ist etwas, was Kindern und Jugendlichen oft von klein auf in ihrem Umfeld vorgelebt wird.**

checkliste für drogenabstinenzler

Wie clean bin ich wirklich?

- Wie gehe ich mit »legalen Drogen« um? Rauche ich Kette? Bin ich bereit, Kälte, Regen und Sturm zu trotzen und auf dem Balkon zu qualmen, wenn im Haus das Rauchen verboten ist? Brauche ich jeden Tag mein Bier/meinen Wein/meinen Schnaps? Muss ich Alkohol trinken, um in Stimmung zu kommen? Wenn alle Geschäfte zu haben und nichts mehr im Kühlschrank ist: Gehe ich noch eben schnell zur Tankstelle, um einen Sechserpack zu holen? Oder hocke ich mich noch kurz in die Kneipe?

- Kann ich morgens nur wach werden, wenn ich Kaffee oder Schwarztee trinke? Und brauche ich tagsüber immer wieder mal ein Tässchen, um die Müdigkeit zu vertreiben?

- Greife ich beim kleinsten Unwohlsein ins Apothekenschränkchen? Überdecke ich meine Stimmungstiefs mit Psychopharmaka? Werfe ich Beruhigungspillen ein, wenn mir die Nerven durchgehen? Kann ich nur schlafen, wenn ich mit der chemischen Keule nachgeholfen habe? Oder schlucke ich Aufputschmittel, um richtig munter zu werden?

- Muss ich unbedingt nach dem topaktuellen Trend gekleidet sein und gebe ich Unsummen für dieses »Hobby« aus? Traue ich mich nur unter Leute, wenn ich berühmte Marken trage? Hängt mein Selbstbewusstsein total von meinen Klamotten ab?

- Kann ich maßvoll genießen – zum Beispiel ein Stückchen Schokolade langsam im Munde zergehen lassen? Oder schlinge ich auf einen Satz die ganze Tafel hinunter? Und wie sieht's mit Chips & Co. aus? Kann ich nach ein paar Stück aufhören oder muss ich die ganze Tüte leer machen?

- Geht's mir nur dann gut, wenn ich weniger als XX Kilo wiege? Habe ich auch dann noch das Gefühl, meine Oberschenkel seien viel zu dick, wenn alle anderen sagen, ich käme wie ein Strich in der Landschaft daher? Kotze ich lieber das Essen wieder aus als »normalgewichtig« zu sein?

- Schalte ich automatisch den Fernseher ein, wenn ich nach Hause komme? Wenn mir nach längerem Herumzappen immer noch nichts gefällt, drücke ich dann den Ausknopf oder gucke ich trotzdem weiter? Wie viele Stunden verbringe ich täglich vor der Glotze? Oder suche ich mir etwa die paar wenigen Sendungen raus, die mich wirklich interessieren und schaue ich nur die an?

- Fühle ich mich wie amputiert, wenn ich mal das Handy zu Hause vergessen habe? Muss ich auf jede SMS zwanghaft antworten, weil man das eben so macht? Und quatsche ich stundenlang mobil, obwohl das Unsummen kostet? Kann ich mir meine Handyrechnung noch leisten?

- Wie viel Zeit verbringe ich tagtäglich im Job? Bleibt es bei acht Stunden? Oder sind es etwa doch zehn, zwölf, vierzehn ...? Läuft ohne mich gar nichts? Muss ich rund um die Uhr erreichbar sein? Wie oft denke ich: Wenn dieses eine Projekt fertig ist, dann habe ich endlich mehr Zeit. Und wenn es zu Ende ist, stecke ich dann etwa schon im nächsten? Habe ich ein schlechtes Gewissen, wenn ich einfach mal faul bin?

- Zieht mich der Computer/die Playstation geradezu magisch an? Komme ich nicht mehr weg, wenn ich ihn erst mal hochgefahren habe? Weil das Spiel so spannend ist? Weil das Chatten gerade in einer heißen Phase ist? Weil das Surfen so viel Spaß macht? Weil die Technik wieder mal nicht funktioniert?

- Brauche ich immer jemanden, der bei mir ist? Wenn ich mal allein bin, muss ich dann sofort jemanden anrufen oder irgendwas unternehmen, um die Leere zu füllen? Krieg ich in Gesellschaft jedes Mal den Laberflash und schwalle andere so zu, dass sie kaum zu Wort kommen?

- Kann ich an keinem Spielautomaten vorbeigehen, ohne meine letzte Mark zu riskieren? Pumpe ich auch schon mal einen Kumpel an, weil ich meine, gerade in einer Glückssträhne zu stecken? Wie viel Schulden habe ich, weil das Geld dann doch durchgetickert ist? Hoffe ich, das Minus mit dem nächsten großen Coup schlagartig in ein dickes Plus zu verwandeln?

weg von der straße

Endlich hatte ich begriffen, dass Lina nicht mir gehört; dass sie ein eigenes Leben hat, für das sie selbst die Verantwortung trägt. Wenn es mir auch noch so schwer fiel – ich gab es auf, sie ändern und auf den (aus meiner Sicht) »rechten Weg« bringen zu wollen. Und ich hörte auf, Sicherheitsnetze zu spannen, um ihre Abstürze aufzufangen. Mir wurde klar: Mit jeder Türe, die ich für Lina öffnete, stieß ich eine Tür für sie zu. Denn allein die Tatsache, dass ich sie aufgemacht hatte, ließ es ihr unmöglich erscheinen, hindurch zu gehen. Sie wollte ihren eigenen Weg gehen ...

Ich hing gerade an der Konsti ab – da, wo die Marokkaner immer ihr Piece verchecken. Es war kurz nach meinem Geburtstag. Ich war siebzehn geworden. Gördy hatte mir Geld zum Schuhekaufen gegeben und ich war unheimlich stolz auf meine nagelneuen Wildleder-Nikies. Wie ich so auf den Treppenstufen in der Sonne saß, konnte ich gar nichts anderes angucken, so geil sahen die aus. Ich muss wohl so mit mir beschäftigt gewesen sein, dass ich gar nicht mitbekam, wie sich jemand neben mich setzte. Erst als ich ihre Stimme hörte, guckte ich hoch. »Na, wie geht's?«, wollte sie wissen. Kannten wir uns etwa? Ich konnte mich nicht erinnern ... Sie war klein, nicht jung, nicht alt. Den Klamotten nach hätte sie fast eine von uns sein können. Noch während ich versuchte, sie zuzuordnen, rückte sie mit der Sprache raus: Sie war Streetworkerin. Als ich das hörte, stellten sich mir innerlich die Stacheln auf wie bei einem Igel. Ich hatte genug von Erziehern, Betreuern, Psychologen, Jugendamtsleuten – stundenlanges Gelaber und am Ende kam doch immer nur das eine dabei raus: Stress. Und darauf hatte ich abso-

»Eine Streetworkerin – da stellten sich bei mir die Stacheln auf.«

lut keinen Bock mehr! Ich hockte also da und bekam schon langsam einen Abtörn. Erst mal abwarten, was sie wollte. Eine Weile saß sie einfach nur da und guckte die Leute an, die vorbeikamen. Wenigstens labert sie mir jetzt nicht die Ohren voll, dachte ich. »Ich hab dich schon ein paar Mal hier gesehen,« meinte sie nach einer Weile, »und wollte einfach mal wissen, was du so machst.« Ich weiß auch nicht, aber irgendwie gefiel sie mir. Sie traf den richtigen Ton – hatte nichts von dem Überheblichen an sich, was sich die meisten Erwachsenen irgendwann mal zulegen. Sie hatte Plan. Und sie quetschte mich nicht großmächtig mit Fragen aus. Sie erkundigte sich nur, wie's mir geht und ob ich Hunger hätte. Und zuletzt sagte sie, wenn ich Bock hätte, könnte ich ja mal vorbeikommen. Sie hätten da einen Raum gleich um die Ecke ...

Nachdem sie gegangen war, blieb ich noch eine ganze Weile auf meiner Treppenstufe sitzen. Es war voll der perfekte Tag, so schön warm und sonnig. Und merkwürdig: Dass ich mit der Streetworkerin gequatscht hatte, hatte mir irgendwie gut getan. Warum, konnte ich auch nicht sagen. Die war einfach korrekt, die Frau. Vielleicht sollte ich ja doch mal hingehen? Kaum war mir der Gedanke gekommen, stand ich auf. Meine Beine liefen irgendwie von allein am Nachtleben [Disco und Bar in Frankfurt] vorbei um die Ecke – dorthin, wo die Streetworker ihr Büro hatten. Und vom ersten Moment an fühlte ich mich da gut aufgehoben. Von nun an verging kaum ein Tag, an dem ich nicht hingegangen wäre. Und das nicht nur, weil's da Kaffee und Brötchen und manchmal auch ein bisschen Geld gab. Egal, was du gemacht hast, denen konntest du alles sagen. Selbst wenn du grad was geklaut hattest – die wären niemals zur Polizei gegangen. Manchmal haben wir sogar was zusammen unternommen, sind in den Park ge-

»Mit denen kannst du über alles reden.«

gangen oder so. Es kamen immer die gleichen Leute hin und wir waren eine richtige Clique. Wir haben uns gegenseitig geholfen und mit dem Nötigsten versorgt. Wenn ich mal wieder einen Pennplatz brauchte, haben die anderen für mich mit geguckt. Manchmal sind wir auch ins Sleep-in, aber das war eher eine Notlösung. Man muss nämlich abends bis zehn dort sein und morgens bis acht wieder raus. Wir aber waren lieber bis drei oder vier Uhr nachts unterwegs. Es fängt doch erst an, spannend zu werden, wenn die Stadt schläft.

streetworker: die geben keinen auf!

Streetworker nehmen dich so, wie du bist. Auch wenn du total am Ende bist, die Streetworker sind für dich da. Sie fordern keine Gegenleistung für ihre Hilfe. Sie verpfeifen dich nicht bei der Polizei. Was du ihnen sagst, bleibt unter euch. Wenn du willst, bieten sie dir Möglichkeiten, dein Leben in den Griff zu bekommen. Nimmst du ihre Angebote nicht an, lassen sie dich trotzdem nicht fallen. Sie akzeptieren jeden, wie er ist.
Das gleiche gilt für die Sleep-ins: Da kannst du als Jugendlicher schlafen, ohne irgendwelche Verpflichtungen oder Vorbedingungen zu erfüllen. Du musst abends nur rechtzeitig da sein und morgens relativ früh wieder raus.

Ein paar mal versuchten die Streetworker, mich an Jugendschutzstellen in der Umgegend zu vermitteln, aber ich konnte ein Leben im Heim einfach nicht mehr aushalten, und so hat es nie lang gedauert, bis sie mich wieder vor die Tür setzten. Ich brauchte bloß ein bisschen die Sau rauszulassen und schon war ich wieder draußen. Bis mir die Streetworkerin eines Tages von einer WG erzählte. »Da ist es voll locker«, erklärte sie mir. »Geh doch einfach mal hin und guck es dir an.«

Ansehen konnte ich mir das ja mal. Ich brauchte ja nicht zu bleiben, wenn es mir nicht gefiel ...

Am nächsten Tag stand ich vor der Tür. Ein altes Haus – die Fassade hatte schon länger keine Farbe mehr gesehen, grau, irgendwie düster. Ich zögerte einen Moment, bevor ich auf die Klingel drückte und meinen Namen sagte. Die Gegensprechanlage knisterte so laut, dass ich die Antwort kaum verstehen konnte. Dann ging die Türe auf. Im Gang standen ein paar Jugendliche rum – die waren bestimmt am Feiern oder Kiffen ...? Mein Herz fing an zu klopfen. Ob das hier vielleicht was für mich wäre? Auf der halben Treppe kam mir eine junge Frau entgegen – Sozialarbeiterin, das sah ich gleich. Woran, das kann ich nicht so genau sagen. Aber ich erkenne die einfach. Im Laufe der Zeit kriegst du einen Blick für so was. »Du bist gekommen, um dir das hier mal anzusehen?« Ich nickte. »Na, dann komm mit hoch.« Ein paar Minuten später standen wir in einer Wohnung im dritten Stock. Ziemlich chaotisch – und doch genau nach meinem Geschmack. Im Flur Riesenposter an der Wand, jede Tür anders beklebt. Fünf Zimmer, Küche, Bad. Jungs und Mädchen zusammen auf einer Etage. »Der Raum hier wird frei. Den könntest du haben – natürlich nur, wenn das Team für deine Aufnahme stimmt.«

Lina zieht in eine betreute Jugendwohngruppe.

Als sie die Tür aufschob, kam mir der Gedanke, ein eigenes Zimmer zu haben, plötzlich wie das Allergrößte vor. Was ich den Betreuern an dem Tag nicht alles versprach, nur um da reinzukommen. Mann, hab ich geschleimt! Und ich hab es wirklich geschafft! Ich ganz allein. Als sie mir sagten, dass ich einziehen kann, habe ich geflennt vor Freude.

Aus Ullas Tagebuch

Heute hat wieder so ein Typ von einer Sozialeinrichtung angerufen. Sie hätten Lina aufgenommen und ob ich bereit wäre, zu einem Gespräch vorbeizukommen. Wie oft ich das schon gehört habe – und dann war es doch wieder nur für ein paar Tage. Trotzdem gehe ich natürlich hin. Man kann ja nie wissen.

...

Die Story geht weiter. Gerade hat sich Lina gemeldet. Sie hat gefragt, ob wir ihr ein paar von ihren Sachen bringen können – die zwei Sessel aus ihrem Zimmer und Vorhänge. Stellt sie sich diesmal etwa doch auf länger ein? Ich muss bloß aufpassen, mir keine großen Hoffnungen zu machen. Wenn es doch wieder ein Reinfall wird ...

»Bitte, lass es diesmal gut gehen!«

der letzte dreck

Zu den Bedingungen für Linas Unterbringung in der WG gehört, dass sie wieder zur Schule geht oder eine Ausbildung macht. Lina bekommt einen Platz in einem Auffangprogramm für Leute, die keine Lehrstelle gefunden haben. Zweimal die Woche geht sie zur Schule, den Rest der Zeit verbringt sie mit einem »Praktikum« in einem Billigsupermarkt. Ihr Job: Regale einräumen und Böden schrubben. Sie erkennt bald: Wenn du nichts gelernt hast, bist du in der Berufswelt der letzte Dreck! Und so fasst sie erstmals den Entschluss, ihr Leben auf die Reihe zu bekommen und auf eigenen Füßen zu stehen. Sie hat jetzt ein Ziel: in eine eigene Wohnung ziehen. Sie hält jetzt auch wieder regelmäßig Kontakt zu ihren Eltern und ihrer kleinen Schwester.

Und sie ruft nicht nur an, wenn es Probleme gibt. Manchmal fragt sie auch einfach: »Wie geht es euch?«
Dass sie ein festes Dach über dem Kopf hat, hindert sie aber nicht am Feiern ...

Mit zwei von den Leuten aus der WG – Harun und Sarah – verstand ich mich vom ersten Tag an supergut. Die anderen beiden waren nervig – zwei Jungs. Kaum vorstellbar, wie unordentlich die waren! Wenn die das Bad benutzt hatten, sah es jedes Mal aus wie nach einem Bombenangriff. Und Spülen hielten sie für Mädchensache – was sie nicht daran hinderte zu kochen und danach alles rumstehen zu lassen. Echt die Chaoten waren das. Aber wir drei ließen uns von denen nicht stören, wir bauten uns unsere eigene Welt auf. Wir konnten uns über alles unterhalten, schmiedeten Pläne, gingen einkaufen, räumten auf und hielten zusammen. Und wir nahmen Drogen und kifften. Gemeinsam waren wir stark, das wussten wir – auch gegenüber den Betreuern, denn schließlich konnten die uns ja nicht alle drei rausschmeißen. Endlich hatte ich richtige Freunde gefunden! Die Idee, abzuhauen und zurück auf die Straße zu gehen, kam mir allein schon aus dem Grund überhaupt nicht in den Sinn. Ich hatte irgendwie Geschmack an meinem neuen Leben gefunden.

Lina hat jetzt ein Ziel, schmiedet Pläne ...

eine große familie?

Freundschaften in der Feierszene, die kann man sich ungefähr so vorstellen: Jemand sitzt in der S-Bahn und hat Feierklamotten an. Ein anderer steigt ein, der auch aus der Szene kommt. Die beiden grinsen sich an, denn sie sehen auf den ersten Blick: Aha, der feiert auch! Sie brauchen keine großen Worte zu wechseln. Sie wissen, dass sie eine gemeinsame Geschichte haben, hocken sich ohne lang zu fragen nebeneinander, als würden sie sich schon seit Jahren kennen, erkundigen sich, was auf der letzten Party gelaufen ist und ob man sich beim nächsten Mal trifft. Aber bis zum Wochenende haben sie den anderen längst wieder vergessen. Sie treffen jemand anderes, es kommt ihnen so vor, als wär das ihr bester Kumpel. So jemand Tolles wie den haben sie noch nie kennen gelernt. Das Komische ist nur: Am Samstag drauf begegnen sie wieder so jemandem. Es gibt einfach tausend Leute, die sie total korrekt finden. Für den Alltag werden solche Freundschaften in der Regel nicht geschlossen. Wie könnten sie auch? Man ist ja nur beim Feiern zusammen. Das ist es, was die Leute miteinander verbindet.

»Feier-Freundschaften« sind meist sehr oberflächlich.

Doch wenn du dein Leben in den Griff kriegen willst, sind gute Freunde wahnsinnig wichtig.

> ## Freundschaften – auf wen kannst du dich wirklich verlassen?
>
> - Will dich dein »Freund« zu etwas überreden, was du eigentlich gar nicht willst? Setzt er dich unter Druck mit Sätzen wie: »Wenn du keine Pappen frisst, kann ich nicht mit dir abgehen?«
>
> - Hast du was, was dein »Freund« braucht? Zum Beispiel Geld, Klamotten, Drogen? Lass es weg und schau, ob er immer noch da bleibt.
>
> - Bist du in deiner Clique gut angesehen? Will sich dein »Freund« womöglich nur an dich an- hängen?
>
> - Habt ihr ganz normal Spaß miteinander, oder macht ihr nur was zusammen, wenn ihr high seid?
>
> - Worüber redet ihr? Geht es nur darum, wie es am letzten Wochenende war, wohin ihr am nächsten Wochenende gehen könnt, wer wo auflegt und wo man welche Drogen kriegt?
>
> - Oder sprecht ihr über ganz reale Probleme? Zeigt ihr euch gegenseitig Wege auf und unter- stützt ihr euch dabei, die gefundenen Lösungen in die Praxis umzusetzen?

Wann immer ich sie sehe – Lina ist immer ganz in Schwarz angezogen. Ihre Augen sind dick mit Kajal umrahmt, die Haare so dunkel gefärbt, dass sie fast bläulich schimmern – ihr schönes blondes Haar. Jedesmal, wenn wir uns treffen, muss ich mir erst klar machen, dass das meine Tochter ist. Sie sieht so anders aus als früher. Auch diesmal geht es mir so, als ich sie abhole, um mit ihr nach Mainz zu fahren. Wir müssen zum Gericht. Lina ist wegen »Erschleichung von Beförderungsleistungen« angeklagt, wie Schwarzfahren in der Amtssprache heißt. Sie ist sichtlich genervt, hibbelt auf dem Sitz herum. Wir reden nicht viel. Wie wir auf der unbequemen Holzbank vor dem Verhandlungssaal hocken und warten, dass wir reingerufen werden, lege ich ihr den Arm um die Schulter. Sie kuschelt sich an. Ganz wie früher.

Lina muss wegen Schwarzfahrens vor Gericht.

Und dann sitzt sie auf der Anklagebank. Mit verschränkten Armen. Steile Falten auf der Stirn.

»Warum bist du schwarzgefahren?«

»Weil ich kein Geld hatte.« Sie reagiert unwillig. Versteht offenbar nicht, was der Richter von ihr will, weiß nicht, dass sie bereuen soll. Dass er sie zerknirscht sehen will.

»Und was wäre heute, wenn du mal kein Geld hast. Würdest du es dann wieder tun?« Sie windet sich. »Nein.« Es fällt ihr schwer, sich zu beherrschen. Sie mag den Richter nicht, das ist ihr deutlich anzumerken. Und er sie auch nicht.

»Warum nicht?«, bohrt er nach.

»Weil ich heute andere Möglichkeiten habe«, bringt sie schließlich hervor.

Der Hammer fällt. Im Namen des Volkes ergeht folgendes Urteil: Hundert Arbeitsstunden. Hundert Stunden für viermal Schwarzfahren.

Und das jetzt, wo Lina gerade dabei ist, sich zu fangen.

Hoffentlich hält sie den Druck aus.

Hoffentlich hält sie durch.

auf eigenen füßen

Eigentlich hätte mein Leben perfekt sein können. Ich hatte eine Bleibe, ich hatte Freunde – und ich war verliebt! Giovanni. Er checkte Piece und Weed an einer U-Bahnstation. Aber was soll's. Es kommt doch nur darauf an, dass man sich gut versteht. Noch nie hab ich mir mit jemandem so den Arsch abgelacht wie mit ihm. Und ich hatte Respekt vor ihm. Im Vergleich zu dem, was er durchgemacht hatte, war mein Leben richtig harmlos. Wenn du auf der Straße bist, hast du es als Mädchen letztendlich doch leichter. Da kannst du immer mal für eine Nacht unterkommen und du findest eher jemanden, der dich eine Zeit lang mit durchfüttert. Vielleicht hab ich auch nur Glück gehabt, aber warum auch immer – bei mir ist es auf jeden Fall so gewesen. Aber Jungs, die sind total auf sich gestellt und müssen noch mehr Kohle beischaffen. Darum machen die oft härtere Sachen als Mädchen. Giovanni ... Ich war voll happy, dass ich ihn gefunden hatte.

Doch in einer Hinsicht machte Giovanni voll den Stress. Er wollte, dass ich mit der Chemie aufhöre. Dabei hätte ich, wenn's nach mir gegangen wäre, jeden Tag feiern und Pappen einwerfen können. Mit dem Kiffen, das war ihm egal, das machte er selber. Aber gegen das Feiern hatte er was. Er hatte immer zum »anderen Lager« gehört, denn er war einer von denen gewesen, die früher vor dem Omen rumhingen und die Druffies abzockten. Für ihn waren »Chemiker« einfach nur bescheuert. Ein anderes Wort fand er dafür nicht. Dabei war er selbst alles andere als heilig. Er rauchte Steine, aber das ist eine andere Geschichte ... Er war eben so. Und ein anderer Typ wär zu dem Zeitpunkt für mich sowieso nicht in Frage gekommen. Von dem hätte ich mir nichts sagen lassen. Was hätte der schon gewusst von meinem Leben.

»Giovanni setzte mich unter Druck.«

An einem Tag brauchte ich mal wieder dringend Geld. Da drückte mir Giovanni hundert Mark in die Hand und meinte: »Du musst dich entscheiden: Entweder du ziehst los zum Feiern oder du bleibst bei mir. Und wenn du jetzt gehst, dann brauchst du nicht mehr zurückzukommen.« Und ich wusste: Er meinte es ernst. Was blieb mir da schon übrig? Ich liebte ihn. Und so bin ich geblieben.

die zeit ist reif

Wer hatte nicht alles auf Lina eingeredet, das Feiern sein zu lassen: Eltern, Erzieher, Betreuer, Lehrer, Psychologen, Jugendamtsvertreter ... Doch was sie auch sagten, Lina schien es nicht zu hören. Sie war schlichtweg taub für ihre Worte. Und dann kommt auf einmal Giovanni daher, setzt sie ein wenig unter Druck und schon wacht sie auf? Warum sollte auf einmal etwas gehen, was die ganze Zeit unmöglich war? Lina stand auf einmal nicht mehr vor der Entscheidung: Drogen oder keine Drogen. Die Frage hieß vielmehr: Drogen oder Giovanni. Und außerdem kam Giovanni im richtigen Moment. Tief in Linas Inneren hatte sich schon seit einiger Zeit der Wunsch nach einem Neuanfang gerührt. Sie sehnte sich nach Geborgenheit, nach Halt und Sicherheit. Über Jahre hinweg war ihr Körper unter dem Einfluss chemischer Drogen auf Hochtouren gelaufen. Dabei hatte sich so viel Druck aufgestaut, dass sie manchmal das Gefühl hatte, explodieren zu müssen. Eigentlich wollte sie nur eins: abschalten. Als Giovanni sie vor die Entscheidung stellte, weiterzufeiern oder bei ihm zu bleiben, machte er eine Tür für sie auf, nach der sie die ganze Zeit gesucht hatte. Doch durchgehen musste sie selber – durchgehen und sie von der anderen Seite schließen.

Lina ist bereit neu anzufangen.

Aus Linas Tagebuch

Aggressiv! Bin unheimlich aggressiv! Könnte alles kurz und klein schlagen. Shit, ich will feiern! Aber ich darf nicht. Ich will Giovanni nicht verlieren. Gut, dass es Harun und Sarah gibt. Die bringen mich auf den Teppich, wenn ich ausraste. Was wäre ohne die beiden? Daran darf ich gar nicht denken!

Schon fast ein Jahr lebte Lina in der WG. Wir sahen uns mindestens einmal die Woche und führten lange Gespräche, vor allem darüber, wie es früher gewesen war und warum wir so und nicht anders gehandelt hatten. Wir erkannten, wie ähnlich wir uns waren. Genau wie Lina war auch ich in meiner Familie immer eine Außenseiterin gewesen. Auch meine Eltern waren fast vor Angst gestorben – nicht wegen Drogen, sondern weil ich in eine WG gezogen war. Aus heutiger Sicht total harmlos, sie aber wähnten mich damals im Griff einer Sekte oder Gruppensex-Kommune ... Wir redeten auch über Linas Drogenkonsum. Sie hatte mit dem Feiern total aufgehört, nahm also keine Chemie mehr. Das einzige, was sie noch konsumierte, war Haschisch – so zumindest ihre Worte.

Ich hatte mich beinahe an ein Leben ohne Katastrophen gewöhnt, als das Telefon klingelte. Einer der Betreuer war am Apparat. Ich solle dringend zu einem Gespräch kommen. »Ist ihr was passiert?« Mein Herz klopft bis zum Halse. »Nein, das nicht ...« Am Nachmittag sitzen wir alle zusammen. Lina hat die Schule geschmissen. Da sie zudem bald achtzehn wird, will das Jugendamt keine weitere Maßnahme mehr durchführen. Das heißt: Sie muss aus der WG raus. »Außerdem hat sich an ihrem Drogenkonsum nichts gebessert«, setzt der Betreuer nach. »Der

Pisstest ist positiv wie immer.« Einen Moment stockt mir der Atem. Nicht wegen der Schule. Das hatte ich irgendwie erwartet. »Was nimmt sie?« Ich versuche, meine Stimme ruhig klingen zu lassen. »Haschisch«, kommt es zurück. »Und was sonst?« – »Sonst nichts.« Ich muss unwillkürlich lächeln. Wir sehen uns an, Lina und ich. Sie hat mir also doch die Wahrheit gesagt! Ich könnte sie küssen!

Mit knapp 18 ist Lina von der Chemie runter.

Und dann kommt der Hammer: »Lina hat gar nichts geschafft in dem Jahr«, sagt der Mann. »Wie bitte?!« Ich schreie fast. »Und ob sie was geschafft hat! Sie ist weg von der Straße! Sie nimmt keine Chemie mehr!« Nur mühsam komme ich zur Ruhe. »Sie hat Vertrauen geschöpft. Und sie lügt mich nicht mehr an.« Eine ganze Weile herrscht Schweigen. »Und was soll jetzt mit ihr geschehen?«, frage ich schließlich. »Zurück auf die Straße«, antwortet er trocken.

Ich spüre, wie Lina neben mir zusammenzuckt und lege ihr die Hand auf den Arm. Ich sehe Gördy an und er nickt. Wir brauchen keine Worte, um uns einig zu sein: Wir lassen es nicht zu, dass Lina wieder in der Gosse landet. Nicht noch einmal. Und wir beschließen: Wir werden Lina eine kleine Wohnung mieten. Was sie sonst zum Leben braucht, soll sie sich selbst verdienen. Da hat sie die Chance zu zeigen, dass sie auf eigenen Beinen stehen kann.

der sprung ins nichts

Die Wohnung für Lina ist bald gefunden – ein Zimmer, Küche, Bad. Eine eigene Bleibe zu haben, das kommt ihr wie ein Sechser im Lotto vor. Erst ist sie fassungslos, dann packt sie der Elan. Sie klappert mehrere Läden ab und findet gleich am ersten Tag einen Aushilfsjob. Noch in derselben Woche meldet sie sich bei der Abendrealschule an.

Schlagartig ist alles anders in Linas Leben. Sie ist jetzt etabliert. Normalität kehrt ein. Alltag. Arbeit, Schule und Giovanni ... Langsam, ganz langsam kommt Lina auf den Boden zurück. Eine Zeit lang fühlt sie sich wie im Paradies. Dann holt sie nach und nach die Routine, die Eintönigkeit des Alltags ein. Lina hat nie gelernt, wie andere Jugendliche ganz normal Spaß zu haben.

Ich finde es ungeheuer schwierig, neue Freunde zu finden, die zu mir passen. Die meisten Leute in meinem Alter haben ganz andere Sachen erlebt als ich. Die haben mit Freunden rumgeflirtet und in der Schule rumgealbert; die waren auf Klassenaustausch und haben Briefchen geschrieben und ich weiß nicht, was es sonst noch alles gibt. Reitkurs, Flötenspielen, Sport oder was man sonst eben so zwischen 13 und 18 macht. Und ich? Ich habe Erfahrungen gemacht, von denen haben die keine Ahnung. Von den harten Dingen im Leben, da kann ich denen was erzählen, aber von den weichen Dingen hab ich überhaupt keinen Plan. Dieses »normale« Leben kommt mir manchmal so vor, als hätte es nichts mit mir zu tun. Da treffen zwei Welten aufeinander und es ist total schwer, das unter einen Hut zu bringen. Wenn mir andere Jugendliche was von den Problemen erzählen, die sie mit ihren Eltern oder in der Schule haben, dann sitze ich nur da und kann dazu gar nichts sagen. Das sind Probleme, die hab ich jetzt, wo ich keine Probleme mehr habe. Und wenn die sich dann noch wichtig machen, weil sie mal einen Joint geraucht haben, dann denk ich nur: »Oh, Mann!«

Lina findet sich im »normalen« Alltag schwer zurecht.

altlasten

Lina ist fest entschlossen, ihr neues Leben zu meistern. An manchen Tagen gelingt ihr das wunderbar. Dann sagt sie: »Wenn man erst mal auf das Rad aufgesprungen ist, dann dreht es sich von allein. Dann brauchst du bloß noch mitzulaufen.« Aber immer wieder kommt es vor, dass die Vergangenheit sie einholt. Dann stürzt jedes Mal eine Welt für sie ein. Und es sind allerhand alte Rechnungen zu begleichen.

● Sie muss noch die Hälfte der hundert Arbeitsstunden leisten, die ihr der Richter in Mainz aufgebrummt hat. Dazu kommen weitere dreißig, die ihr bei einer Gerichtsverhandlung in Frankfurt für zweimal Diebstahl und einmal Schwarzfahren auferlegt werden. Hundertzehn Stunden absolviert sie ohne zu murren. Nur zwanzig fehlen ihr. Aber dann hat sie keinen Bock mehr. Geht einfach nicht mehr hin. Bis Jugendarrest verhängt wird. Mit Mühe und Not gelingt es, einen Aufschub zu erreichen. Sie kriegt zwei Wochen Zeit. Sie braucht nur ganze vier Tage. Der Schreck sitzt ihr in den Gliedern.

● In den ersten Wochen nach Linas Umzug in die eigene Wohnung flattern haufenweise »Schwarzfahrertickets« ins Haus. Kostenpunkt jeweils sechzig Mark. Bis Lina irgendwann schluchzend zusammenbricht – und künftig das Geld, das sie von ihren Eltern für die Monatskarte bekommt, nicht mehr für andere Dinge ausgibt. Sie hat einfach die Nerven nicht mehr, noch mal erwischt zu werden.

● Ab und zu läuft Lina dem einen oder anderen ihrer früheren Checker über den Weg, dem sie noch Geld schuldet – meist ein paar hundert Mark.

Wenn solche Hiobsbotschaften kommen, ist Lina jedes Mal kurz vor dem Durchdrehen. Sie hat Angst, wieder aus der Bahn geworfen zu werden. Schließlich hat sie jetzt was zu verlieren. Lina wandelt auf einem Grat, haarscharf am Abgrund vorbei.

checkliste

So hältst du durch

- Das Wichtigste ist der feste Entschluss zum Aussteigen. Hast du den erst einmal getroffen, ist der erste Schritt getan.

- Wenn du Hilfe von deiner Familie bekommst, ist das natürlich optimal. Aber selbst wenn das nicht der Fall ist, brauchst du es nicht allein zu schaffen. Such dir eine Bezugsperson, der du vertraust und an die du dich auch wenden kannst, wenn du mal in einer Krise steckst: DrogenberaterInnen, StreetworkerInnen, Leute aus den Basisorganisationen (Adressen siehe unter *Kontakte* ab Seite 118) – wenn du offen bist, wirst du die richtige Begleiterin/den richtigen Begleiter finden.

- Es ist nicht so, als könnte man einfach einen Schalter umlegen und von jetzt auf gleich von seinem alten Leben loskommen. Eher stimmt der Vergleich mit einer Krankheit: Man braucht eine Weile, um wieder auf die Beine zu kommen, und die Genesung läuft nicht geradlinig, sondern schubweise. Mal geht es einem erstaunlich gut, ein andermal fühlt man sich total beschissen. Lass dich von Rückschlägen nicht entmutigen. Sie gehören dazu. Aber wer einmal geschafft hat, wieder auf die Füße zu kommen, der schafft es auch ein zweites, ein drittes, ein viertes ... Mal. Dass du zäh bist und was aushalten kannst, hast du in deiner Drogenzeit sicher reichlich bewiesen – jemand, der weniger stark ist als du, wäre womöglich draufgegangen.

● Es ist nichts Ungewöhnliches, wenn es dir am Anfang schwer fällt, neue Freunde zu finden, die nicht aus der Szene sind. Es fehlen die Gemeinsamkeiten mit »normalen« Leuten und es gibt wenig, worüber ihr reden könnt. Vielleicht fühlst du dich auch unverstanden. Aber das ändert sich mit der Zeit. In dem Maß, wie du in die alltägliche Welt zurückkehrst und »normale« Sachen machst, ändern sich die Themen, die dich beschäftigen. Und damit erschließen sich Möglichkeiten für neue Freundschaften.

● Auch wenn du neue Leute kennen lernst, du wirst immer ein Stück anders sein als die anderen. Was du in deiner Drogenzeit gesehen und erlebt hast, wird für andere, die keine solchen Erfahrungen gemacht haben, nie wirklich nachvollziehbar sein. Dieses Anderssein gibt dir vielleicht manchmal ein Gefühl von Einsamkeit, aber es liegt darin auch eine ganz große Chance: Du kannst es nutzen, um Ideen zu entwickeln, auf die kein Normalmensch kommt.

Lina und ich haben Spaß an etwas gefunden, was sie früher hasste: Wir gehen zusammen spazieren. Im Sommer führt uns unser Weg oft zu »unserer Wiese«. Dort setzen wir uns ins Gras und erzählen. Hier hat mir Lina manche Horrorstory anvertraut und mich in das eine oder andere Geheimnis eingeweiht. Wie sie H [Heroin] genommen und sich tagelang die Seele aus dem Leib gekotzt hat; wie sich ihre an Krätze erkrankte Freundin den Körper blutig kratzte und sie trotz ihrer Angst vor Ansteckung bei ihr blieb; wie sie Micros schluckte und tagelang nicht mehr runterkommen konnte; und welche Filme unter Drogeneinfluss in ihr abgelaufen sind. Manchmal war ich schockiert. Aber ich habe gelernt zu verstehen und Lina so zu akzeptieren, wie sie ist. Und nach und nach ist die Einbahnstraße zur Zweibahnstraße geworden: Mittlerweile höre ich nicht nur zu, sondern erzähle Lina auch viel über mich. Über meine Hoffnungen und Ängste, Sehnsüchte und Wünsche.

»Ich kann Lina heute so akzeptieren, wie sie ist.«

OK, ich hab mir ein neues Leben aufgebaut und so wie ich jetzt lebe, geht's mir sicher besser als vorher. Trotzdem hab ich eine dunkle Seite in mir. Ich bin so ein Mensch, der den Untergrund liebt. Dunkle Gassen, schräge Typen – das zwielichtige Milieu zieht mich irgendwie an. Es ist nicht so, dass ich mit asozialen Pennern auf der Straße rumliegen will. Ich weiß, dass das Leben der Gangsta-Rapper, das ich als Dreizehnjährige total erstrebenswert fand, in Wirklichkeit knochenhart und überhaupt nicht romantisch ist. Und trotzdem faszinieren mich die Leute. Ich hab halt einen Hang zum Dämonischen. Aus heutiger Sicht weiß ich: Wenn es mir in meiner Drogenzeit wieder einmal ganz dreckig ging, dann hat ein Teil von mir das trotzdem genossen, denn je extremer es kam, desto lebendiger fühlte ich mich. Manchmal frage ich mich, wenn ich mich heute in der »normalen Gesellschaft« bewege: Würden mich

113

die auch dann noch mögen, wenn sie diese andere Seite von mir kennen würden? Würden sie dann auch
noch sagen, wie nett, intelligent, hübsch oder hilfsbe-
reit ich bin? Wer mich heute sieht, würde doch niemals
denken, was für eine Vergangenheit ich habe. Die Normalität auszuhalten, das fällt mir manchmal unendlich
schwer.

feuerprobe

Auf die Dauer erweist sich die Beziehung zu Giovanni als
schwierig. Er steckt selbst in Schulden; soll Sozialstunden
leisten und kann sich nicht dazu aufraffen; hat Ärger mit
der Polizei und ist ständig irgendwie auf der Flucht. Und zudem versucht er mit südländischem Temperament, Lina
ans Haus zu fesseln. Wenn's nach ihm ginge, müsste sich
ihr Leben nur noch um ihn drehen. Es gibt Streit. Erst gelegentlich, dann täglich. Schließlich zerbricht die Beziehung.
Lina hat es satt, in der Bude zu hocken. Sie will endlich
wieder was unternehmen. In die Disco gehen. Partys feiern. Feiern. Schließlich hatte sie nur wegen ihm damit aufgehört ...
Warum nicht diesen Samstag? Der Türsteher drückt Lina
die Nullerkarte in die Hand. Sie ist noch nicht richtig drin im
Klub, da reagiert ihr Körper schon auf die Musik, geht voll
ab, nur noch Rhythmus, jede Faser tanzt mit. Da drüben
steht ein Checker und schaut zu ihr rüber. Sie kennt ihn
noch von früher. Jetzt nicht, denkt sie. Der Beat hält sie im
Bann, genau wie damals. Der einzige Unterschied: **Sie hat
nichts genommen. Sie braucht nichts.**

Inzwischen bin ich neunzehneinhalb Jahre alt. Seit ungefähr zwei Jahren bin ich clean. Eine ganz schön lange Zeit, könnte man meinen. Aber zu glauben, Drogen wären inzwischen bedeutungslos ... Nein, bedeutungslos werden sie wohl nie für mich sein. Sie gehören irgendwie zu meiner Persönlichkeit. Immer noch spüre ich, wie es mich zu ihnen hinzieht. Wenn du einmal auf Chemie warst, lässt es dich, glaube ich, dein Leben lang nicht mehr los. Die Erfahrungen waren einfach zu tief, zu ungewöhnlich, zu extrem. So was kannst du nicht vergessen. Das, was du so im normalen Alltag erlebst, ist damit nicht vergleichbar. Vor allem dann nicht, wenn du überlegst, was du für Perspektiven hast im Leben. Schon allein der Gedanke, dass du ständig Geld verdienen musst, nicht etwa um dir was Tolles leisten zu können. Nee, um ganz normale Sachen zu kaufen, Haarshampoo, Zahnpasta, Klopapier ... Und wann immer du dir mal was Besonderes wünschst oder irgendwelche großartigen Pläne schmiedest, kommt irgendjemand mit einem »Vernunftargument« daher und du weißt: Es ist wieder mal nur ein Traum gewesen.

Klar, du kannst auch ohne Drogen Spaß haben. Aber es geht eigentlich nicht um Spaß, sonst würde man ja nicht das ganze kaputte Drumherum in Kauf nehmen. Was da abgeht, das passiert auf einer ganz anderen Ebene. Du gehst da in eine Welt, die mit der normalen nichts, aber auch gar nichts zu tun hat. Da taucht wie aus dem Nichts – wenn auch nur für ein paar Minuten oder Stunden – auf einmal was auf, das dir wie ein Blick ins Paradies vorkommt. Wer das einmal gesehen hat, kommt davon nicht mehr los.

Natürlich wünsche ich mir, das Paradies hier auf der Erde finden zu können, und manchmal heule ich bei

»Wenn ich nicht aufpasse, sitze ich ganz schnell wieder in der Scheiße.«

dem Gedanken, was ich mir mit den Drogen alles ange-
tan habe. Aber je länger das mit dem Feiern her ist,
desto mehr tritt die ganze Kacke in den Hintergrund,
die ich mir dadurch eingebrockt habe. Das Gedächtnis
scheint nun mal so zu funktionieren – im Nachhinein
erinnerst du dich eigentlich nur noch an das, was supergut gelaufen ist, an die Highlights sozusagen. Ich
weiß genau, wenn ich nicht aufpasse, sitze ich ganz
schnell wieder in derselben Scheiße wie damals.

»Hallo Ulla, hier ist Lina.«
»Ach, du bist's. Schön, dass du anrufst. Was ist mit dir?
Deine Stimme klingt so komisch ...«
»Ich, eh ... Ich muss dir was beichten.«
Ulla schluckt. Hält sich instinktiv an der Stuhllehne fest.
Schweigt.
»Nein, nein! Nicht was du denkst! Ich hab mir bloß die
Haare knallrot gefärbt. Das andere sah zu normal aus. Zu
harmlos. Es passte nicht zu mir. So bin ich einfach nicht!«

knall

Das Buch ist fast fertig, wir treffen uns, um letzte Details zu besprechen. Als ich Lina von der S-Bahn abhole, wirkt sie gereizt. Sie will nicht reden ... Stopft wortlos die mitgebrachte Wäsche in die Maschine. Dann wenden wir uns der Arbeit zu. Nur ein Stündchen, nicht mehr. Dann geht sie zur Bank, will Geld abheben. Kommt zurück. Ist stinksauer. »Die geben mir nichts. Dabei müssten noch hundertdreißig Mark auf dem Konto sein. Sie sagen mir, da wäre was abgebucht worden. Aber ich habe garantiert nicht mit der Karte bezahlt. Die müssen mir mein Geld geben!« Ich versuche, mit ihr zu reden: »Es wird sich sicher alles klären.«

»Halt du dich da raus!«, brüllt sie. »Was weißt du schon?! Du hockst hier doch sowieso in einer reichen Idylle!« Will ihre Wäsche aus der Maschine holen, zerrt an der Türe, doch die Sicherung ist noch aktiv, reißt den Griff halb ab. Hämmert mit den Fäusten gegen die Schalter. Springt auf, rast zur Tür, fluchend. Und bevor sie aus dem Haus stürmt, schreit sie mir ihre ganze Wut entgegen.

»Nie wieder will ich mit dir zu tun haben!«
»Aber ... Aber wir wollten unsere Konflikte doch anders lösen. Du hast es mir versprochen ...«
»Dann ist das Versprechen eben gebrochen!«

Mit Drogen hat das nichts zu tun. Es lässt sich nicht alles auf die Drogen schieben. Es war ein Streit. Ein ganz normaler Streit. Das kommt in den besten Familien vor.

szenesprache

After-Hour	Zeit zum langsamen Runterkommen nach Partys
Blender	sieht zwar aus wie Pillen, Pep oder Pappen, enthält aber keinen Wirkstoff
checken	Drogen verkaufen
Checker	Drogenhändler
Chemie	hier Bezeichnung für die gängigen Designerdrogen (Ecstasy und alle Arten von Pillen, Speed/Pep, LSD)
Chemiker	Leute, die chemische Drogen nehmen
chillen	den Drogentrip langsam ausklingen lassen, ruhig werden, rumhängen und eventuell kiffen
Chill-out	– Raum zum »Abkühlen« und Ausruhen in Technoklubs – langsames Runterkommen nach dem Feiern
clean	frei von Süchten
Dealer	Drogenhändler
druff	(kommt ursprünglich aus dem hessischen Dialekt) im Drogenrausch sein, high sein
Druffie	(von »druff«) jemand, der mit Drogen zugedröhnt ist
feiern	ungehemmtes Ausleben der Lust auf Drogen und Techno
Feierszene	Szene, in der chemische Drogen konsumiert werden
Film	unter Drogeneinfluss veränderte Wahrnehmung der Wirklichkeit
flacken	(Pappen, Pillen) Drogen schlucken
Flash	schlagartig einsetzende, kurz anhaltende Drogenwirkung

Flashback	Rückkehr des Drogenflashs, ohne dass man wieder was genommen hat; kann z.B. nach dem Konsum von LSD passieren
fressen	(Pappen, Pillen) Drogen schlucken
hängen bleiben	von einem Drogentrip nicht mehr runterkommen
Joint	Haschischzigarette
koksen	Kokain nehmen
Konsument	jemand, der Drogen nimmt
Pack	[sprich: »Päck«] kleines Plastikbeutelchen mit Haschisch oder anderen Drogen
Paper	Zigarettenpapier, das z.B. zum Drehen von Joints verwendet wird
Pappe	auf Papier geträufelte Einzeldosis LSD
Pisstest	Urintest zum Nachweis von Drogen
Psilos	halluzinogene Pilze
schmeißen	(Pappen, Pillen) Drogen schlucken
Ticket	auf Papier geträufelte Einzeldosis LSD
Tüte	Haschischzigarette
User	jemand, der Drogen nimmt
ziehen	(Koks, Pep) Drogen schnupfen

szenenamen für drogen

- Crack = Steine
- Ecstasy = Pillen
- Haschisch = Piece, Shit, was zu rauchen
- Heroin = H [sprich »Äitsch«]
- Kokain = Koks, Schnee
- LSD = Acid
- Marihuana = Gras, Weed
- Speed = Pep

kontaktadressen

jugend- und drogenberatungsstellen

Je nach Stadt findest du die Nummer im Telefonbuch unter einem der folgenden Namen:
- Suchtberatung
- Beratungsstelle für Suchtkranke und Gefährdete
- Drogenberatung
- Jugend- und Drogenberatung
- Psychosoziale Beratungs- und ambulante Behandlungsstelle für Suchtkranke und Gefährdete (PSB)

Wenn du da nicht fündig wirst, kannst du dich hier erkundigen:
- *Malteser-Telefon*
  Auskunft über Selbsthilfegruppen, Hilfsorganisationen und Beratungsstellen
  Tel. 0221/982 22 22

drogennotrufe

Bei folgenden Nummern kannst du anrufen, ganz egal, wo du wohnst:
- Berlin 030/192 37
- Düsseldorf 0211/32 55 55
- Essen 0201/40 38 40
- Frankfurt 069/62 34 51
- München 089/28 28 22

beratungstelefone

- Alice-Hotline 069/48 00 49 50 (Di, Mi, Do)
- Bundeszentrale für gesundheitliche Aufklärung
  0221/89 20 31

- Infoline Drogen 0251/492 51 85
- KODROBS (Jugend hilft Jugend e.V.) 040/390 86-40 oder -41

basisorganisationen

Aus der Szene heraus entstandene Einrichtungen, die die Rave-
und Party-Kultur fördern und gleichzeitig zur Minderung der
Drogenproblematik beitragen wollen.

- *Alice, The Drug and Culture Project*
  c/o Drogennotruf e.V.
  Musikantenweg 22
  60316 Frankfurt/Main
  Tel. 069/49 08 60 76
  Fax 069/944 19 98

- *Drug Scouts – Suchtzentrum Leipzig e.V.*
  Eutritzscher Str. 9
  04105 Leipzig
  Tel. 0341/211 02 22

- *Eclipse e.V.*
  c/o A. Reich
  Göhrener Str. 7
  10437 Berlin
  Tel. 030/44 35 65 61

- *Mind Zone*
  Lessingstr. 3
  80336 München
  Tel. 089/544 97-172/-173

- *Eve & Rave e.V.*
  Überwiegend ehrenamtliche Mitarbeiter, daher telefonisch
  bisweilen schwer zu erreichen (außer in Münster). Kontakt am
  besten über Internet oder E-Mail:

→ **Berlin:** Postf. 45 05 19, 12005 Berlin,
Internet www.eve-rave.net,
E-Mail webteam@eve-rave.net
→ **Kassel:** c/o Beate Marx, Gottschalkstr. 31,
34127 Kassel, Tel/Fax 0561/870 52 02,
Internet www.eve-rave.org,
E-Mail contact@eve-rave.org
→ **Köln:** c/o Ralf Wischnewski, Postf. 25 03 49,
50519 Köln, E-Mail eve-rave.nrw@gmx.de
→ **Münster:** Schorlemerstr. 8, 48143 Münster,
Tel. 0251/492 51 85 (nur Dienstag 13-17 Uhr),
Internet www.eve-rave.de,
E-Mail webmaster@eve-rave.de

internet

Wichtiger Hinweis: Wir haben keinen Einfluss auf die Gestaltung der genannten Websites und können daher keinerlei Verantwortung für deren Inhalte übernehmen.

Übersicht über die Drogenberatungsstellen
in Deutschland
● www.meb.uni-bonn.de/giftzentrale/dhsidx:html
● www.bzga.de

Online-Beratung
● www.drogenberatung.jj.de
● www.drogen@alice-project.de
● www.helpmails.de

Andere interessante Websites
● www.alice-project.de
● www.akzept.org
● www.cafe-balance.de/appli/oneframe.htm
● www.eclipse-online.de
● www.mindzone.ixx.de/
● www.id-contact.de
● www.partypack.de/fset.htm

- www.sterneck.net/sonic
- www.suchtzentrum.de/drugscouts/main.html
- www.xtc.mesh.de/inhalt.html

allgemeine infos zum thema drogen

Allgemeine Infos zum Thema Drogen können angefordert
werden bei:

- *Bundeszentrale für gesundheitliche Aufklärung*
  51101 Köln
  Tel. 0221/899 20
  Fax 0221/899 22 57

- *Deutscher Caritasverband e.V.*
  Referat Besondere Lebenslagen
  Postfach 420
  79004 Freiburg
  Tel. 0761/20 03 69

- *Fachverband Sucht e.V.*
  Walramstr. 3
  53175 Bonn
  Tel. 0228/26 15 55

- *Gesamtverband für Suchtkrankenhilfe*
  der Evangelischen Kirche
  Kurt-Schumacher-Str. 2
  34117 Kassel
  Tel. 0561/10 95 70

- *Verein für akzeptierende Drogenarbeit und*
  humane Drogenpolitik (akzept e.V.)
  Am Roggenkamp 48
  48165 Münster
  Tel. 02501/275 78

speziell für die schweiz

Hier kannst du anrufen, egal wo du wohnst:

- *Suchtpräventionsstelle der Stadt Zürich*
  Röntgenstr. 44
  8005 Zürich
  01/444 50 44
  welcom@sup.stzh.ch
  www.suchtpraeventionsstelle.ch

- SANSIBAR *Drogenberatungsstelle*
  Ruth Humbel
  Konradstrasse 77
  8005 Zürich
  Tel. 01/273 31 35
  Www.archezh.ch

- *Arche Fachstellen für Integration*
  Beratung und Nachsorge
  Stationsstrasse 5
  8003 Zürich
  Tel. 01/451 01 60
  fachstelle@archezh.ch

- www.eve-rave.ch
- www.spin.ch/suchtpraevention-gr/
- www.drogeninfos.ch
  (mit anonymer Beratung)
- www.tekkno.ch

speziell für österreich

Wien:

- *Drogenberatungsstelle der Stadt Wien* (»Ganslwirt«)
  6. Bezirk Wien, Esterhazygasse 18, Tel. 01/586 04 38
- *Drogenkoordinationsstelle der Stadt Wien*
  8.Bezirk, Friedrich-Schmidt-Platz 3, Tel. 01/40 00-823 01
- *Change Drogenberatung*
  Theresiengasse 9, 18. Bezirk Wien, Tel. 01/406 23 02
- *»Dialog«, Hilfs- und Beratungsstelle für Suchtgiftgefährdete und deren Angehörige*
  Hegelgasse 8, 1. Bezirk Wien, Tel. 01/512 01 81

- *Fachstellen für Suchtvorbeugung und -prävention*
  Unter diesen Telefonnummern kannst du die Drogenbera-tungsstellen in deiner Region erfragen:

Wien	Tel. 01/53 11 48 58 10
Salzburg	Tel. 0662/84 92 91-44
Kärnten/Klagenfurt	Tel. 0463/51 37 43-34
Niederösterreich/St. Pölten	Tel. 02742/314 40
Oberösterreich/Linz	Tel.0732/77 89 36-37
Tirol/Innsbruck	Tel. 0512/58 57 30
Vorarlberg/Dornbirn	Tel. 05572/551 55
Burgenland/Eisenstadt	Tel. 02682/629 58
Steiermark/Graz	Tel. 0316/82 33 00

- www.checkyourdrugs.at
- www.supro.at
- www.kontaktco.at/youth/index.htm
  (mit anonymer Beratung)
- www.akzente.net
- http://members.nextra.at/sucht/
- www.drogenhilfe.at

Lust bekommen auf weitere Themen?

Christian Gröll/David Sehrbrock
Clever durch die Schule
Managementstrategien für bessere Noten
ISBN 3-466-30508-X

Ekkehart Baumgartner
Schule geschafft – und dann?
Job? Ausbildung? Studium?
Beruf?
ISBN 3-466-30536-5

Kathrin Seyfahrt
SuperSchlank!?
Zwischen Traumfigur und
Essstörungen
ISBN 3-466-30531-4

Kathrin Soyfahrt
**Mitmischen
statt Rumhängen**
Warum soziales Engagement
Spaß macht
und sich lohnt
ISBN 3-466-30566-7

make a change hat mehr zu bieten!

Sascha Krefft
Verpiss dich!
Selbstschutz und Selbstverteidigung
für Mädchen und junge Frauen
ISBN 3-466-30510-1

Christian Gröll/David Sehrbrock
Clever zum Abitur
Erfolgsstrategien für die Oberstufe
ISBN 3-466-30551-9

Ekkehart Baumgartner
Check it out
Deine Rechte als Jugendlicher
ISBN 3-466-30506-3

Petra Göttinger
Friends 4 you
Alles über Freundschaft
ISBN 3-466-30525-X

Alle Bände ca. 128 Seiten,
Klappenbroschur

make a change ist die Reihe für dich!

Auch im Internet unter www.koesel.de